중국어 예비교사를 위한

중국어 교과내용 교수법 디자인

오길용 지음

신아사

머리말

우리는 언어를 통해 의사소통을 하며 살아가고 있다. 오늘날 세계는 지구촌화 되었으며 외국어 구사 능력이 하나의 자원이 되었다. 그래서 한때 한국에서도 중국어 열풍이 불었다. 90년대 초 중국이 개혁개방을 본격적으로 시작하면서 한국에서 중국어의 위상이 높았으나, 요즈음 중국이 경제성장을 통해 국제적으로 중요한 위치에 서게 되면서 비중 무역선생, 사드 배치 등 많은 정치경제, 외교적 갈등 속에 중국어 열풍도 시들어 가고 있다. 이러한 상황은 고등학교 제2외국어 교육 현장에도 그대로 반영되고 있다. 뿐만 아니라 대학의 중국 관련 학과의 경쟁률에 영향을 미치며 존폐 위기에 놓여 있는 것이 현실이다. 이러한 어려움은 당분간은 지속될 것이다. 그러나 한 나라의 외국어 교육은 국제 정세에 따라 다분히 유동적인 만큼 중국어의 이러한 감소에 예민한 반응을 보일 필요는 없을 것 같다. 한자어를 쓰고 있는 우리로서는 가까운 중국과의 무역 규모가 늘어날 수밖에 없고 앞으로 지속적인 문화 접촉이 빈번하게 이루어질 것이다.

따라서 중국어 교육의 내실 있는 발전을 위하여 교사 양성은 매우 중요한 교육이라고 할 수 있다. 이러한 맥락에서 중국어 교사를 위한 중국어 교과내용 교수법 디자인이라는 명칭으로 이 책을 출간하게 되었다. 본서를 출간하게 된 배경은 대학에서 중국어를 전공하는 예비교사와 교육 일선에 있는 중국어 교사들이 갖추어야 할 지식을 체계적으로 확립시켜서 교육 효과를 높이는 데 그 목적이 있다. 표준화된 중국어 교육 디자인에 따라 양성된 교사들이 스스로 자신이 가지고 있는 지식의 틀을 더욱 전문화시킬 수 있는 기회를 제공하고, 중국어 교육 수준을 향상시키는데 많은 도움을 줄 수 있을 것으로 기대한다. 특히 AI시대에 다양한 교육환경과 학습자의 중국어 학습 동기에 따른 외국어로서의 중국어 교육의 효과적인 교수 방법을 제시하여 보다 효율적인 중국어 교육의 진행이 이루어질 수 있도록 하는 데 보탬이 되길 바란다.

끝으로 어려운 시기에 출판을 허락해 주신 신아사와 편집인들에게 감사를 드린다.

2022년 12월

오길용

목차

제1장 중국어 교수법 개요

제2장 중국어 발음 교육

제3장 중국어 어휘 교육

제4장 중국어 문법 교육

제5장 중국어 한자 교육

▌교수 매체

• 교수매체 : 수업효과를 높이기 위해 사용되는 시청각 기자재와 수업 자료를 통칭

• 광의의 정의

- 교수매체란 '모든 종류의 교수·학습과정에 동원되는 학습자료를 포함하는 일체의 교육 환경'
- 교사의 교수방법과 학습을 위한 환경 조성, 분위기 등을 포함하는 총체의 교육환경을 의미

• 협의의 정의

- 교과서를 포함한 모든 인쇄매체, 실물, 표본, 영화, TV, 게시판, 컴퓨터, 놀이감 등
- 교수·학습과정에 동원될 수 있는 모든 실물매체, 즉 시청각 교육매체를 의미

4. 교육 과정 개발 및 교수 자료 개발

- 교사는 자신이 사용하는 교재의 구성과 특징에 대해 숙지하고 있어야 한다.
- 중국어 교재를 평가하는 기본적인 기준에 대해 이해하고 있어야 한다.
- 관련 중국어 교재의 현황과 그 특성에 대해서 이해하는 한편, 교수 목표와 교수 환경에 의거해 적절한 교재를 선택할 수 있어야 한다.
- 실제 상황의 변화에 맞추어 교재를 활용할 수 있어야 한다.
- 교재가 가능한 한 최대의 작용을 발휘할 수 있게 하기 위해 교재 내용과 관련이 있는 코스웨어 교재를 제작할 수 있어야 한다.
- 학생의 실제 수준과 요구 사항에 맞추어 교재의 사용에 대해 조절할 수 있어야 한다.
- 교사는 보충 교재 및 교수 자료가 중국어 학습에서 발휘하는 역할에 대해 잘 이해하는 한편으로 수업 내용에 맞춰 적절한 자료를 선택하여 사용할 수 있어야 한다.

▌기본 개념 범주

- 보충 교재
- 인터넷 자료
- 오디오 자료 / 비디오 자료

- 신문, 잡지, 사진, 플래쉬카드
- 실물 교재
- 멀티미디어 교실
- 어학 실습실
- 어학 자습 센터

▌기본 능력

- 보충 교재가 교수 과정에 미치는 작용에 대해 이해해야 한다.
- 주어진 교재와 관련 있는 교수 자원과 보충 교재를 선택적으로 이용하여 강의를 진행할 수 있어야 한다.
- 교재와 보충 교재를 적절하고도 유기적으로 섞어서 강의하여 최고의 교수 효과를 거둘 수 있도록 해야한다.
- 보충 교재의 개발과 취사선택에 관해 다른 교사들과 함께 연구하여 교수 자원의 공유 목적을 실현할 수 있어야 한다.

5. 현대적인 교육 기술을 운용한 학습 환경

교사는 컴퓨터 관련 기본 지식을 숙지하는 한편으로 컴퓨터를 능숙하게 다룰 수 있어야 하며 선진적인 교육 장비와 인터넷에 대해서도 잘 이해하여 중국어 교육 현장에 응용할 수 있어야 한다.

- 교사는 컴퓨터를 구성하고 있는 기본 부분과 이와 관련된 IT설비들에 대해 알고 있어야 한다. 또한 중국어 교수에 관련된 컴퓨터 소프트웨어와 멀티미디어 기기들을 다루는 데 익숙하여 이를 중국어 교수 과정에 적절하게 사용할 수 있어야 한다.
- 교사는 인터넷 이용에 관한 핵심적인 내용에 대해 숙지하고 있어야 하고, 인터넷에서 얻을 수 있는 다양한 자원과 서비스를 중국어 교수 과정에 이용할 수 있어야 한다.

▌기본 개념 범주

- 컴퓨터 기본 구성 부품
- 컴퓨터 시스템 및 기본 명령어
- 널리 쓰이는 사무용 소프트웨어
- 컴퓨터 관련 전자설비
- 프로그램 인스톨 및 삭제
- 컴퓨터 보조 언어 학습

- 컴퓨터 바이러스 프로그램
- 수업 관리 시스템

▌기본 능력

- 컴퓨터의 주요 내부 부품과 외부 부품을 정확하게 인지할 수 있고 상관 매개 변수에 따라 그 성능을 짐작할 수 있어야 한다.
- 컴퓨터 명령어를 정확하게 사용할 줄 알며 학생들에게 정확한 컴퓨터 사용법을 가르칠 수 있어야 한다.
- 컴퓨터 에러 메시지의 내용을 이해할 수 있어야 하며 그 에러에 적절하게 대처해 낼 수 있어야 한다.
- 널리 쓰이는 각종 프로그램을 스스로 인스톨하거나 삭제할 수 있어야 한다.
- 널리 쓰이는 사무용 소프트웨어를 익숙하게 다룰 줄 알며 이를 이용하여 교수 자료를 편집하거나 만들 수 있어야 한다.
- 최소한 한 가지 중국어 입력 방법을 익혀야 한다.
- 파워포인트 프로그램을 이용하여 교수 내용을 제작하여 보여줄 수 있어야 한다.
- 교수 목표와 내용, 대상, 환경의 변화에 따라 컴퓨터 보조 언어학습을 맞추어 실시하는 한편, 학생들로 하여금 중국어 시스템 환경 하에서 컴퓨터를 통한 언어 학습을 할 수 있도록 지도할 수 있어야 한다.
- 컴퓨터 바이러스 프로그램에 대해 잘 이해하고 그것을 예방하거나 삭제할 수 있는 기본적인 방법을 알아야 한다.
- 해당 지역의 학교 수업 관리 시스템을 능숙하게 다룰 수 있어야 한다.

- 컴퓨터를 통해 인터넷에 접속하여 인터넷 상의 교수 자원을 검색하거나 사용할 수 있어야 한다.
- 각종 문서 또는 중국어 교수 자료를 다운로드하거나 업로드할 수 있어야 한다.
- 개인 홈페이지나 블로그를 개설할 수 있어서 학습자들과의 의사 소통 및 교류를 강화할 수 있어야 한다.
- 전자우편, 채팅룸, 화상 대화 등의 방식을 통해 때 맞추어 학생들에게 소식을 전달하고 학생들로부터 피드백을 받을 수 있어야 한다.
- 자주 나타나는 인터넷 보안 문제에 대해 숙지하고 이에 대처할 수 있는 조처를 취할 수 있어야 한다.

6. 중국어 교수법 개요

중국어의 교학(教学)은 교수·학습을 축약한 합성어이다. 교학의 어원은 《예기(禮記)》 <학기(學記>편에 "옥석의 바탕이 비록 훌륭할지라도 다듬지 않으면 그릇이 될 수 없을 것이고 사람이 비록 만물의 영장일지라도 학습하지 않으면 인류, 대자연의 이치를 알 수 없을 것이다. 이 까닭에 고대의 왕들은 나라를 세우고 백성을 다스리는데 교수·학습을 최우선 임무로 삼았다.… 학습하고 자신의 부족함을 알고 다른 사람을 가르치며 자신이 지식에 정통하지 못한 것을 안다. 부족한 것을 알고 나서 스스로 반성하고 곤혹스러움을 알고 나서 스스로 노력하여 향상시킬 수 있다. 그러므로 교수·학습은 서로 영향을 미치고 촉진하며 발전한다"고 하였다.

교수·학습은 교사와 학생의 학습 활동을 효과적으로 진행하기 위한 조직적이고 구체적인 교육 활동이다. 간단히 정의하면 교수·학습은 학습자에게 학습동기 유발, 능동적으로 능력을 발휘하도록 설계된 개별, 모둠, 전체를 대상으로 삼는 집단 활동, 즉 학습과정에 어려움을 극복할 수 있도록 격려 및 지도 활동을 포함한 모든 활동을 포함한다.

교사는 자기 성찰적인 태도를 가지고 자신의 교수 내용 및 방법을 점검해야 하며 교실 수업을 잘 이끌어 갈 수 있도록 준비해야 한다. 다음은 교사가 교수·학습에 반드시 갖추어야 할 기본 능력과 원칙이다.

1) 교사는 언어 교육으로서의 외국어 교수법에 관한 지식과 기법을 갖추어 그 내용을 교수 과정에 운용할 수 있어야 한다.

▌기본 개념 범주

- 접근법(教学途徑), 교수법(教学方法), 교육기교(教学技巧)
- 전통적인 접근법과 교수법
- 인문주의적 접근법과 교수법
- 의사 소통 중심 접근법과 교수법
- 혁신형 접근법과 교수법

▌기본 능력

- 위의 기본 개념 범주에 들어 있는 접근법과 교수법의 이론적 배경에 대해 이해하는 한편, 교수 목표와 목적, 교사와 학생의 역할, 상호 작용적 강의의 본질, 학생 정서에 대한 영향, 언어와 문화의 상호 관계, 제1언어의 작용, 교재의 역할 및 교사가 갖추어야 할 기본적인 소양에 관해서도 숙지해야 한다.
- 언어 교육의 3대 방법론, 즉 형태 중심 교수법, 의미 중심 교수법, 형태와 의미 중심교수법에 대해 숙지하고 있어야 한다.
- 서로 다른 교수 환경에서의 각종 접근법과 교수법을 식별할 수 있어야 한다.
- 교수 목표와 교수 대상에 맞추어 접근법과 교수법을 선택, 운용할 수 있어야 한다.
- 지정된 환경에서 운용했던 접근법과 교수법의 합당성을 설명할 수 있어야 한다.

2) 교사는 외국어 교육으로서의 중국어 교육에 관한 일반적인 원칙과 기본적인 개념을 파악하여 그 내용을 교수 과정에 운용할 수 있어야 한다

기본 개념 범주

- 말하기 교육과 문어체 교육
- 이해 기능과 표현적 기능
- 언어 능력과 언어 운용
- 언어 지식과 언어 기능
- 의사 소통 능력
- 제2언어 교육으로서의 중국어 교육과 외국어 교육으로서의 중국어 교육

기본 원칙

- 학습자에게 가능한 한 최대의 중국어 학습 기회를 제공한다.
- 학습자가 의미 있는 토론식, 의사 소통식 중국어 학습을 전개하도록 이끈다.
- 학습자가 습관적으로 범하는 실수를 줄일 수 있도록 가능한 한 최대로 돕는다.
- 학습자가 중국어 학습에 흥미를 붙이고 직관력을 발휘할 수 있도록 돕는다.
- 학습자가 중국어로 생각할 수 있는 능력을 배양시킨다.

- 학습자가 중국어를 언어적으로 인식할 수 있는 능력을 배양시킨다.
- 전형적인 중국어 환경을 만들어 낸다.
- 학습자가 중국어를 통합적으로 구사할 수 있는 능력을 배양시킨다.
- 학습자가 스스로 중국어를 학습할 수 있도록 능력을 배양시킨다.
- 학습자가 중국어를 사회적으로 적절하게 사용할 수 있도록 능력을 배양시킨다.

▌기본 능력

- 중국어 교육에 관한 일반적인 원칙과 기본 개념에 관해 숙지해야 한다.
- 언어 교육에 관한 일반적인 원칙과 기본적인 개념에 대해 실례를 들어 설명할 수 있어야 한다.
- 교수 원칙을 실제 강의에 운용해 낼 수 있어야 한다.
- 발음, 한자, 어휘, 문법 등의 중국어 관련 지식과 듣기, 말하기, 읽기, 쓰기 등의 기능을 종합적으로 강의에 운용할 수 있어야 한다.
- 언어 교육에 관한 일반적인 원칙과 기본적인 개념을 동원하여 강의의 실례에 대해 분석하고 해설할 수 있어야 한다.

제2장

중국어 발음 교육

▌발음지도 원칙

교사는 중국어 발음 교육에 관한 기본 원칙을 숙지하고 있어야 함은 물론, 중국어 발음을 가르칠 때에 학습자에게 중국어 발음에 관한 지식을 전달해 줄 수 있는 능력과 기법을 갖추고 있어야 한다.

• 기본 원칙

① 중국어 발음 학습자의 어려움을 해결할 수 있도록 발음 교육을 실시한다.
② 중국어 발음의 원리를 시청각 자료를 동원하여 설명하고 해석한다.
③ 실용성과 의사 소통성, 학습자의 흥미를 고려하여 발음 교육을 실시한다.
④ 의미 있으면서도 다양한 활동을 자주 펼침으로써 발음 교육을 진행한다.
⑤ 여러 가지 수단과 방법을 동원하여 발음 교육을 실시한다.

• 기본 능력

① 중국어 발음에 관한 기본적인 특성과 지식에 관해 숙지하고, 중국어 발음 시스템에 관련된 개념과 용어를 강의 중에 정확하게 운용해 낼 수 있어야 한다.
② 중국어 발음(한어병음방안)을 숙지하고, 그 내용을 중국어 발음 교육에 운용할 수 있어야 한다.
③ 학습 목적과 중국어 수준에 맞추어 중국어 발음 교육 방안을 마련할 수 있어야 한다.
④ 듣기와 소리 식별에 감각을 갖추고, 학습자의 문제점을 찾아 파악할 수 있어야 한다.
⑤ 학습자가 중국어를 발음할 때 나타낼 수 있는 문제점들을 숙지하고, 그 문제점을 해결할 수 있는 방안을 제시해 줄 수 있어야 한다
⑥ '음소 교육'과 '운율적 요소 교육'과 같은 중국어 발음 교육의 기본 기법에 대해 숙지하고, 그 내용을 운용하여 중국어 발음 교육의 전략과 교수법 및 기법을 짤 수 있어야 한다.
⑦ 학습자와 교수 환경에 맞추어 중국어 발음 교육 방법을 통합적으로 조절함으로써 창의적인 발음 교육 방법을 개발해야 한다.

1. 발음 교육의 중요성

언어를 배울 때 가장 기본적인 학습은 그 언어의 발음을 배우는 것이다. 발음은 문법 지식, 어휘력 등 다른 언어 지식과 비교해도 학습자의 능력이나 지식에 크게 영향을 받지 않는다. 그러나 아무리 언어 지식이 많아도 발음의 정확성과 유창성이 부족하면 효과적인 의사소통이 어렵다. 아이들의 모국어 습득 과정과 마찬가지로 중국어 발음 학습도 대개 학습 초기 단계에서 굳어져 바꾸기 쉽지 않다. 처음부터 체계적인 발음 교육을 하지 않으면 교정하기 어렵다. 발음은 중국어의 유창성을 판단하는 첫인상을 결정한다. 발음이 좋지 않으면 실제 자신이 가지고 있는 언어 능력보다 더 낮게 평가받을 수 있다. 즉 발음은 중국어의 겉모습과 같다. 학습의 궁극적인 목표가 의사소통이라면 발음 교육은 언어 학습에서 반드시 체계적으로 이루어져야 한다.

외국어를 학습하면서 의사소통 능력을 중요시하여 발음이 약간 어색하거나 정확하지 않아도 대화 상황에 따라 통하기만 하면 된다고 생각하는 경향이 있다. 학습자도 그러한 분위기가 편할 수 있다. 그러나 정작 의사소통을 하려는 상황에서 발음 때문에 의사소통이 안 되는 경우가 많다. 중국어 입문에서 수업의 첫 번째 단계는 발음 교육이다. 이 단계의 학습 효과는 학습자들의 중국어 학습에 중요한 영향을 준다. 발음은 밖으로 드러나는 부분으로 언어 학습에 있어 발음의 정확성은 학습의 성패를 결정하는 중요한 지표이다. 학습자의 언어 수준을 나타낸다고 할 수 있다. 기술적인 발음 교육이 학습자의 학습 난이도를 줄여줄 수 있으며, 학습에 흥미를 유발할 수 있다. 반면에 교수법이 알맞지 않으면 학습의 난이도를 증가시켜 학습자의 학습 흥미가 떨어진다. 대부분 초급에서는 교실에서 발음을 열심히 배우지만, 중급, 고급으로 올라가면 발음을 소홀히 하는 학생들이 많다. 학습량이 많아지면서 의사소통만 되면 발음은 중요하지 않다고 생각하기 때문이다. 그러나 중급, 고급에서도 꾸준히 발음 지도를 해야 자연스럽게 고급 언어를 수행할 수 있다. 초급에서 고급까지 교사가 학생들의 발음을 관찰하고 지도하는 것은 필수적이다.

효과적인 발음 교육을 위해서는 교사가 학습자들에게 학습 내용과 학습 이유를 분명히 설명해야 한다. 또한 교사가 중국어의 표준 발음을 구사할 수 있는 능력이 있으며, 중국어의 음성학과 음운론에 대한 정확한 지식을 갖추고 있어야 한다. 이러한 지식을 바탕으로 학습자에게 음성학적 훈련을 시키고, 부정확한 발음을 설명하고 지도하는데 도움을 줄 수 있다. 그러므로 발음 지도는 교수자가 학습자에게 절대적인 영향을 준다. 교수자는 정확한 발음과 중국어에 대한 지식이 필수적이다.

발음연습은 성모-운모-성조-문장의 순서로 하지만, 전통적으로 중국어 음절은 성모와 운모의 결합으로 파악하여 이해하기 때문에 분리할 필요 없이 이 순서를 동시에 교차로 진행한다. 이러한 방식으로 지도하면 학습자들이 성모-운모-성조를 정확히 읽고 분별할 수 있는 능력을 갖출 수 있다. 특히 단어, 문장을 중심으로 연습하면 읽고 말하는 습관과 반응 능력이 뛰어나 언어 소통 능력이 빠르게 발전할 수 있다. 자기 생각을 문장을 통해 전달하는 의사소통능력이 제2언어의 최종적인 목적이다. 따라서 문장을 통한 발음연습과 훈련은 중요한 방법이다.

2. 발음 교육의 단계

중국어는 발음을 지도한 이후에 도표, 실물, 판서 등 교구를 사용하여 원어민의 자연스러운 발음을 듣고 따라 하는 연습 단계가 필요하다. 또한 학습자가 인위적인 발음 연습에서 벗어나 자연스러운 상황에서도 학습한 발음 방법으로 자신의 생각을 표현할 수 있도록 하는 것이 필요하다. 이러한 발음 교육 단계를 제시, 연습, 생성의 3단계로 설명하면 다음과 같다.

1) 제시단계

학습자에게 특정 발음 및 그 발음의 특징과 관련된 사항을 제시하여 학습자들이 그 발음을 학습하는 단계이다. 일반적으로 설명-분석-듣기-구별하기의 활동으로 진행한다. 교사는 학습자에게 특정 발음과 음운 규칙이 어떻게 일어나는지 설명해 주고, 듣기-구별하기 활동을 통해 학습자가 발음한다. 학습자에게 발음을 집중적으로 들려주어 직접 규칙을 찾고 이해할 수 있도록 한다. 다양한 방법을 활용하여 학습자들이 듣고 구별하는 활동을 제시한다.

① 발음 이론 교육을 통해 간단한 조음방법을 설명한다. 혀의 위치, 입술 모양 등 교사가 음성학적 지식을 활용하여 모국어와 중국어를 대조하여 훈련한다. 예를 들면 /ㅅ, ㅆ/과 /j, s/, /ㄹ/과 /r, l/ 등과 같이

한국어와 중국어의 음소를 대립시켜 들려주고 청각적으로 차이를 구분할 수 있는지 판단한다. 개별적인 음소 단위의 발음 훈련이 끝나면 어휘, 문장 단위의 청취 훈련으로 정확하지 않은 발음을 찾아내는 훈련을 한다. 학습할 발음이 어려운 것부터 하지 않고, 전체 발음 체계 속에서 난이도를 고려하여 결정한다.

② 적절한 표기법과 시청각 자료를 이용한다. 즉 음성기관의 그림이나 모형, 교사의 발음 동작 등을 이용하여 중국어 발음 체계를 설명한다.

③ 표준 발음을 충분히 들려주어야 한다. 그러나 여러 번 반복하여 학습지가 너무 지루하지 않도록 하고, 일정한 속도로 발음을 모방하도록 한다. 또한 발음하는 입의 동작을 과장하지 않고 자연스러운 입 모양으로 정확한 발음을 구사해야 한다.

2) 연습 단계

학습자가 실제로 발음하고 연습하는 단계를 말한다. 학습자가 연습을 통해 중국어의 발음을 모방해야 할 뿐만 아니라 새로 습득한 발음을 자신의 발음으로 만들 수 있도록 연습해야 한다. 연습 단계는 제시 단계에서 학습한 내용을 실제로 적용하며 발음을 연습하는 것이다. 초기 단계는 특정 발음이나 대립하는 발음을 중심으로 문맥화된 짧은 문장을 연습한다. 주로 대본, 문장, 연설문, 대화문 등을 따라 발음 연습하는 것이 좋다. 초기 단계를 벗어나면 의미, 문법, 의사소통에 초점을 맞추어야 한다. 드라마의 역할 놀이, 준비한 이야기, 텍스트를 발표하거나 이야기를 다른 사람에게 전달하며 훈련한다. 이 때 학습자들은 실제 의사소통 상황에서 연습한 발음을 적극 활용해야 한다.

3) 소통 단계

제시와 연습을 통해 습득한 발음을 학습자가 자연스러운 상황에서 대화할 수 있도록 하는 단계이다. 학습자가 준비된 대본이나 자료 없이도 역할 놀이, 인터뷰, 즉흥적인 연설, 패널 토론 등의 의사소통 활동을 할 수 있다. 이 단계에서는 특정 발음에 주의하면서 의사소통 활동을 해야 한다.

4) 교정 단계

학습자가 대화중에 나타난 발음 오류의 문제점을 확인하고 원인을 찾아 과학적이고 효과적인 방법으로 교정해 준다.

3. 발음 교육의 활동

1) 듣고 따라하기

학생들이 정확한 중국어 발음을 구사하도록 훈련시켜 의사소통할 수 있도록 만드는 것이 매우 중요하다. 일반적으로 기초 중국어 교육에서 3주 동안 발음교육을 실시한다. 발음교육의 목적은 학생들이 발음의 이론지식을 이해하고 사용할 수 있도록 가르치는 것이다. 발음 기능을 습득하기 위해서는 반드시 반복적으로 모방하고 훈련해야 한다. 교사는 학생들이 청각·시각을 통해 발음 방법과 발음기관 동작을 분석하고 비교할 수 있도록 지도해야 한다. 그렇게 하고 나서 발음을 모방하게 지도하고, 원어민의 발음을 듣고 따라 하게 하면서 원어민의 발음에 접근하도록 지도한다.

2) 음성 훈련

중국어 발음은 여러 가지 방법을 활용하여 연습한다. 분절음을 발음 위치와 발음 방법과 같이 설명하고, 음성적 환경을 바꿔 연습시키며 스스로 문제점을 찾도록 한다. 중국어 교육에 필요한 분절음과 초분절음의 이형태를 학습시킨다. 예를 들면 단모음 'a, o, e, i, u, ü'는 먼저 a, i, u를 가르치고 o, e를 가르치며 마지막에 ü를 가르쳐야 한다. 그런 다음 a, e, i 평순과 o, u, ü 원순을 구분해서 지도한다. 평순음은 개

구도의 크기에 따라 a, e, i로 혀의 위치와 입술모양을 설명하고 연습한다. 자음 'z, c, s' 발음을 지도할 때도 발음이론 지식을 근거로 가르쳐야 한다. 설첨무성마찰음 s의 발음은 크게 어렵지 않지만, 파찰음 z, c는 파열한 다음에 마찰을 일으키므로 단순한 마찰음보다 발음이 어렵다. 여기에 유기음과 무기음의 차이점을 설명해야 한다.

3) 최소 대립쌍 연습

최소 대립쌍은 한 음소의 차이로 단어의 형태와 뜻이 구별되는 단어쌍을 말하는데, 최소 대립쌍을 찾아 환치 조작을 하여 문제가 되는 중국어 발음을 구분할 수 있도록 지도한다. 중국어는 언어나 음소가 고립적으로 존재하는 것이 아니라, 서로 연결되어 대립성을 이룬다. /pai : pei/, /t : t'/처럼 음소가 대립되어 발음이 달라 뜻이 다른 음절이 된다. 학습자에게 단어를 제시하고 그 차이를 구별하도록 하는 활동이다. 최소 대립쌍 연습은 문맥이 결여되어 학습자의 흥미를 끌어내기 어렵다. 중급 이상 학습자에게는 문장을 제시하여 설명해야 한다.

4) 소리내어 읽기 및 역할극

학습자들에게 드라마나 연극 대본을 나누어 주고 읽게 한다. 대본을 암기하여 동작과 함께 지도하며 감정 표현 등 비언어적 특징을 연습시킨다. 수준별 대본을 선택하여 학생들에게 흥미를 유발한다.

5) 발화 녹음하기

학습자의 발음 연습, 대화문, 연설 및 역할극을 녹음하여 자기 스스로 평가하고, 교사의 피드백을 얻을 수 있는 자료로 활용한다.

6) 드라마 더빙하기

고급 학습자의 경우에 사용할 수 있는 방법이다. 드라마를 선별하여 준비한 대본의 역할을 정해 연습시킨다. 다음 조별 과제로 녹음을 하여 수업 시간에 드라마를 틀어 학습자들의 녹음을 듣는다. 이 방법은 학생들의 발음, 성조 등의 연습에 효과적이다. 이밖에도 동화 구연, 인터뷰 연습, 관련 정보 연결하기 등 다양한 방법으로 지도할 수 있다.

4. 발음 교육의 주의할 점

정확한 발음을 학습해야 한다고 음성학이나 음운론 전공 수업의 어려운 내용을 설명해서는 안 된다. 학습자가 이 분야에 사전 지식이 없으면 아무리 설명해도 이해하지 못 한다. 정확한 발음 부위와 발음 방법을 설명해도 학습자가 성모의 발음이 구강의 어떤 부위와 발음 방법에 의해 소리내는지, 또는 혀가 어떤 위치에 놓여 있는지 등을 이해하지 못할 수 있다. 이때는 한국어의 발음과 대조하며 설명하는 것도 좋은 방법이다. 다음은 발음을 교육할 때 주의사항을 정리한 것이다. 초급 단계의 학습자들은에게 21개 성모를 지도할 때, 다음과 같은 성모와 고모음 'i[i]-i[ɿ]-i[ʅ], u[u], u[ü]'의 차이를 주의해야 한다.

1) 성모

• 'j, q, x'와 'z, c, s', 'zh, ch, sh'의 차이

중국어 학습자의 발음을 더 효율적으로 교육하려면 중국어의 음운체계가 한국어 음운체계와 어떤 관계가 있는지 분석하여 유사점과 상이점을 설명하는 것도 중요하다. 우리말에 있는 소리로 대체할 수 있는 것은 대체하면서 변별적 특성을 지도하는 것도 효율적이다. 발음 교육에서 학습자가 자주 틀리는 발음을 분류하여 비교 설명하는 것은 중요하다. 예를 들면 학습자가 중국어에서 제일 발음하기 어려운

음은 설면전음 'j, q, x', 설첨전음 'z, c, s', 설첨후음 'zh, ch, sh'이다. 'j, z, zh'는 우리말의 'ㅈ' 혹은 'ㅉ', 'q, c, ch'는 'ㅊ', 'x, s, sh'은 'ㅅ' 혹은 'ㅆ'과 발음이 유사하다. 하지만 발음할 때 발음부위, 발음방법을 설명하고, 혀의 위치, 입술 모양과 구강의 접촉 부위와 모음 'i, u'의 위치에 따라 음가(音價)가 모두 달라지기 때문에 발음 시범을 보이고 연습을 병행해야 한다.

'j, q, x'는 혀끝을 아랫니 뿌리 부분 뒤에 살며시 댄 상태에서 혀의 중앙부분이 입천장 쪽을 향하도록 한 다음에 '지, 치, 시'를 발음해야 한다.

'z, c, s'는 위아랫니를 살며시 다문 다음 혀끝을 윗니와 아랫니가 닿는 부분에 가까이 댄 상태에서 혀를 중설 '으'의 위치로 이동하며 '쯔, 츠, 쓰'의 발음이 나온다.

'zh, ch, sh, r'는 우리가 발음하기 가장 힘든 발음이다. 혀를 중설의 위치에서 혀끝을 말아올린 상태로 혀끝을 입천장에 대고 '즈, 츠, 스'로 발음한다. 혀를 말아올린 상태에서 이 발음을 하기는 상당히 어렵지만 혀끝이 설첨전음 'z, c, s'처럼 구강의 중설모음 위치에서 '즈, 츠, 스, 르'의 발음이 나온다. 이때 'r'은 성대가 울리는 유성음(有声音)이다. 단시간 내에 이 발음들을 정확히 하기는 어렵다. 지속적으로 연습할 필요가 있다.

2) 운모

초급 단계의 학습자들에게 39개 운모를 지도할 때, 다음과 같은 운모의 차이를 주의해야 한다.

- **성모/x-/인 경우** : /x-/는 설면음으로 혀의 위 부분을 들어 올려 경구개의 중간 부분에 접근하여 혀끝을 세로에서 중간 위치에 놓는 동시 비강으로 통하는 공도(孔道)를 폐쇄시키면 정확한 발음을 소리 낼 수 있다. 그러나 혀끝을 앞으로 밀어 올려 경구개의 앞부분에 접근하므로 정확하지 않는 발음을 내는 상황을 발견할 수 있다. 곧 '星星 xīngxing'의 발음이 '싱싱'이 아닌 '씽씽'이 되어버린다.

- **개음(介音) /i.u.ü/의 경우** : 4호(四呼) 중 제치호(齐齿呼)/-i-/, 합구호(合口呼)/-u-/, 촬구호(撮口呼)/-ü-/가 있는 음절 역시 입 모양의 정확성을 매우 요구하는 부분이다. 곧 /jiǔ/는 입을 옆으로 벌렸다가 오므려야 하는데, 옆으로 벌리지 않고 곧장 입을 오므려 /쥬/의 발음으로 잘못 읽게 된다.

- **/-ian/의 경우** : /miànzi/의 /-ian/은 규정에 따르면 /이안/인데, 사실 /이엔/으로 발음된다. 이는 언어 원리적 설명을 통해 이해력을 높일 수 있다. 이 이치는 혀의 고저와 밀접한 관계를 갖는다. /-a-/는 설면저음(前舌低音)으로서 전설고음(前舌高音)인 /-i-/와 결합할 경우 고음의 영향을 받아 혀의 위치가 아래에서 위로 이전하면서 반고원음(半高元音)인 /e/로 변화되어 발음된다. 곧 舌位低变高现象인 것이다. 이러한 이론적 설명은 결합음에 대해 일괄적이고 정확한 인식을 하게

2. 어휘 교육의 내용

▮ 어휘의 구조적 내용

어휘는 언어 속의 공통된 성격을 가지는 모든 단어와 구의 총체이다. 어휘는 단어, 구, 문장을 만드는 기본단위이며, 단어와 어휘 구성은 개체와 전체의 관계이다. 한 언어는 수십만 개의 단어가 있지만, 어휘 구성은 복잡하고 서로 다른 성질과 기원을 가진 단어들의 총체이다. 중국어 어휘는 고대중국어 어휘, 근대중국어 어휘, 현대중국어 어휘, 지역 방언, 외래어, 신조어 등 모든 단어뿐만 아니라, 고정어(성어, 관용어, 헐후어, 속담 등)를 포괄한다. 즉 어휘는 언어 중의 단어와 숙어의 집합체이다.

어휘는 언어를 구성하는 중요한 재료이다. 사람들은 단어를 통해 구두로 의사소통을 하고, 글로 자신의 생각을 전달한다. 이 말과 글에는 일정한 문법규칙이 단어를 유기적으로 결합하여 자신의 의견을 전달한다. 어휘 자료가 많을수록 의사소통 과정에서 전달하려는 내용이 생동감이 있다. 유명한 작가들의 작품이 재미있는 원인은 그들이 활용하는 풍부한 어휘와 관계가 있다. 현대중국어 어휘의 특징은 매우 뚜렷하다. 첫째는 대다수 형태소가 단음절로 의미를 가지고 있기 때문에 자유롭고 단어 구성 능력이 뛰어나다. 둘째는 대부분의 단어가 이음절로 구성되어 형태가 짧고 명료하다. 셋째는 단어의 구성방식이 자유롭고 다양하다. 단음절의 뜻을 가진 형태소를 토대로 만들어져 단어의 의미를 이해하기 쉽다.

1) 형태소

형태소는 단어를 구성하는 소리(音)와 뜻(义)이 결합되어 의사를 나타내는 최소의 문법상의 언어단위이다. 중국어의 각 음절은 모두 의미와 성조를 가지고 있다. 따라서 음성면에서 형태소는 의미와 성조를 지닌 음절이다. 형태소는 문자상 자형이 서로 다른 한자로서 나타내는 최소의 소리와 뜻의 결합체이며, 자(字)는 소리와 뜻, 자형의 결합체이다. 형태소는 가장 기본적인 문법형태를 나타내는 전통적인 용어이다. 최소 중국어 부호라고 정의할 수 있으며, 이는 음과 의미가 자의적으로 결합하여 더 이상 쪼개질 수 없는 문법단위다. 흔히 중국어가 일음절어 중심이라고 말하는 것은 중국어의 모든 음절은 의미를 가지고 있으며, 형태소가 하나로 구성된 단어가 많다는 뜻과 같다.

중국어의 문장은 여러 개의 구 또는 단어로 나눌 수 있으며, 단어는 다시 더 작은 단위로 나눌 수 있다. 단어는 단음절, 이음절, 다음절로 구성되어 있는데, 단음절 형태소는 중국어 형태소의 기본 형식으로 '语', '言', '天', '人', '民', '化', '员' 등으로 모두 의미가 있을 뿐만 아니라, 의미가 있는 더 작은 단위로는 나눌 수 없다. 이음절형태소는 '葡萄', '玻璃' 등으로 '葡, 萄, 玻, 璃'와 같이 나누면, 본래의 뜻과 관련된 어떤 의미를 가지지 못하므로 형태소가 되지 않는다. 다음절 형태소는 주로 음역한 외래어(예 : 吉普, 凡士林, 奥林匹克 등)이다. 일반적으로 둘 또는 둘 이상으로 구성된 연면어, 외래어, 의성어는 최소의 문법 단위로서 의미를 더 이상 분석할 수 없는 형태소이다. 즉, 형태소를 더 이상 잘게 쪼개면 의미를 읽어 버리게 된다. 중국어는 한자로 표기하기 때문에 인도유럽어처럼 띄어쓰기가 없다. 음운적 특성에 따라 하나의 형태소가 여러 개의 한자로 구성된 경우도 있어 형태소를 구분하기 어렵다. 형태소와 비형태소의 표시가 없어 한자의 형음의(形音義)에서 복잡한 관계가 형성된다.

형태소의 분류

중국어의 형태소는 서로 다른 세 가지 기준에 따라 하위부류로 나누어진다. 첫째, 형태소의 음절수에 근거하여 단음절 형태소와 다음절 형태소, 둘째, 조어(造语)활동 능력에 따라, 자유형태소와 반자유형태소, 부자유형태소, 셋째, 형태소의 실질 의미(어휘 의미)의 존재 어부에 따라, 그 자체에 실질적인 어휘 의미를 지니는 실질형태소(어휘형태소)와 그 자체의 어휘 의미는 없이 실질형태소에 붙어서 문법적 관계나 기능만을 나타내는 형식형태소(문법형태소)로 나누어진다.

• 음절 형식

(1) 단음절 형태소

羊 文 跑 生 安 坚 -- 어휘 형태소
了 吗 老 第 子 们 -- 문법 형태소

(2) 다음절 형태소

① 연면사(连绵词) : 습관적으로 두 개의 음절이 연철(连缀)되어 하나의 뜻을 표현하는 것으로 분리되어서는 의미를 갖지 못하는 단어를 가리킨다. 다음 네 종류가 있다.

* 声母가 같은 双声의 경우

彷佛 비슷하다　伶俐 영리하다　参差 일정하지 못하다

* 韵母가 같은 叠韵의 경우

从容 조용하다　灿烂 찬란하다　彷徨 방황하다

* 双声도 叠韵도 아닌 경우

芙蓉 연꽃　蝴蝶 나비

* 동일의 글자를 잇달아 쓴 重叠의 경우

匆匆 매우 급한 모양　津津 흥미 지진한 모양

② 의성어·의태어 : 소리 또는 모습을 나타내는 단어이다.

知了 매미 울음소리　丁当 땡그랑　哗啦 뚝뚝　轰隆 쿵쿵

③ 음역어 : 외래어를 중국어로 표기할 때 소리만 본떠 만든 단어이다.

古代西域 : 葡萄 포도　琉璃 유리　石榴 석류　琵琶 비파
印度佛教 : 菩萨 보살　罗汉 나한　和尚 승려　塔 탑
蒙古语 : 蘑菇 버섯　站 역
英语 : 沙发 소파　扑克 카드　坦克 탱크　咖啡 커피　尼龙 나일론
俄语 : 苏维埃(cobet) 소비에트　伏特加 보드카
法语 : 沙龙 살롱　蒙太奇 몽타주

• 조어 형식

(1) 자유형태소

자유형태소는 단독으로 단어가 될 수 있으며, 다른 형태소와 결합하여 합성어를 만들어 앞뒤에 자유롭게 놓일 수 있다. 예를 들면 "水"는 그 자체로 현대 중국어에서 단어의 기능을 하면서도, 다른 형태소와 결합하여 "水产, 水平, 湖水, 泉水"와 같은 많은 단어를 형성하게 된다.

人民 인민 工人 노동자 脚印 발자국 脚尖 발끝
脚气 무좀 走兽 짐승 走廊 복도 走访 방문하다
走漏 비밀을 누설하다 走失 행방불명되다
爱好 취미 爱情 애정

(2) 반자유형태소

반자유형태소는 단독으로 단어가 될 수 없으나, 다른 형태소와 결합하여 자유롭게 합성어를 만들 수 있다. "语"는 단독으로 사용되어 현대 중국어의 한 단어로 존재할 수 없지만, "语言, 语音, 语法, 语文" 같은 단어나 "汉语, 口语, 母语" 등과 같은 단어를 구성할 수 있다. 즉 "语"는 다른 형태소와 결합되어 단어를 이룰 수 있으며, 이 때 위치가 앞과 뒤 모두 가능하다는 것을 알 수 있다. 이러한 유형의 형태소를 반자립 형태소라 부른다.

耳朵 귀 鼻子 코 金子 금 氧气 산소 老虎 호랑이
叶子 잎 电讯 전보 摄影 촬영 知觉 지각 言语 언어

(3) 부자유형태소

부자유형태소는 단독으로 단어가 될 수 없고, 반드시 다른 형태소와 결합하여 합성어를 구성할 수 있다. 다른 형태소와 결합하여 단어를 만들 때도 그 위치가 반드시 고정되어 있다. 이를 의존 형태소라고도 하는데, 항상 다른 형태소에 의존하여 쓰이는 형태소이다.

教师 교사　律师 변호사　护师 간호사　主观 주관　客观 객관
乐观 낙관　观察 관찰　教员 교사　店员 점원

• 의미 및 위치

⑴ 실질형태소(어휘형태소)

그 자체 충분한 의미를 지니며 새로운 어휘를 만들 수 있는 형태소를 말한다. 형태소와 형태소가 결합되어 단어를 만들거나 복합어를 구성할 때 어근으로 작용한다.

父 人 山 马 民 北 -- 명사성 형태소
立 出 想 要 行 吃 -- 동사성 형태소
高 底 大 小 方 红 -- 형용사성 형태소

⑵ 형식형태소(문법형태소)

그 자체에 실질적인 의미가 없으면서, 어휘 형태소에 결합되어 말과 말 사이의 관계를 형식적으로 표시하는 형태소를 말한다. 형식형태소의 특징은 다른 형태소와 결합될 때 그 위치가 고정적이게 된다. 또한 형식형태소는 단독으로 단어를 이루지 못하고 항상 다른 어휘 형태소와 결합되어야만 단어가 된다.

① 접사 : -们 -儿 -子 -得- 老-

② 어기조사 : 啊 吗 的 了

③ 구조조사 : 的 得 地

④ 동태조사 : 了 着 过

⑤ 부사·전치사·접속사 : 已 就 把 在 越 而 但

2) 단어의 구조

단어는 형태소로 구성된 언어 단위로 독립적으로 운용할 수 있는 의미가 있는 최소의 단위이다. 모든 단어는 형태소에 의해서 구성된 것이다. 자유형태소는 단독으로 단어를 구성할 수 있으며 단어이다. 예를 들면 "你", "吃", "葡萄" 등은 자유형태소이며 단어이다. 대부분의 단음절 단어는 사실상 자유형태소와 동일한 형식이다. 단어와 형태소의 구별은 단어는 자유롭게 활동을 할 수 있으나, 형태소는 자유롭게 활동을 할 수 없다. 부자유형태소는 반드시 다른 형태소와 함께 결합하여야만 자유롭게 활동을 할 수 있다. 예를 들면 "民","机", "习" 등은 의미를 가지고 있으나, 중국어에서는 다른 형태소와 결합해야만 ("人民", "收割机", "学习") 자유롭게 활동할 수 있는 문법 단위인 단어가 될 수 있다. "자유롭게 활동한다"는 것은 단독으로 문제에 대답할 수 있다는 의미가 아니다. 중국어의 대다수의 허사(虚词)는 독립성이 부족하여 "们", "吗" 등은 단독으로 대답할 수 없다. 그렇지만 활동능력이 강하고 결합력이 넓어 단어, 구, 문장과 결합할 수 있다.

예를 들면

学生们 老师们 学生和老师们 兄弟姐妹们

吃吗?　　葡萄吗?　吃葡萄吗?　　　你们吃葡萄吗?

여기에서 "们"과 "吗"는 단어를 구성하는 성분은 아니지만, 문법상의 기능을 가지고 있다. 문법상의 기능을 가지고 있으며, 자유롭게 어떤 문법 단위와 결합할 수 있는 최소의 형식이 바로 단어이다. 단어의 내부구조는 일정한 규칙에 따라 형성된다. 단어는 음절 형식에 따라 일음절어, 이음절어, 다음절어로 나눌 수 있고, 의미에 따라 실사(명사, 동사, 형용사, 수사, 양사, 대명사)와 허사(부사, 전치사, 조사, 감탄사, 의성사)로 나눌 수 있으며 구성 형식에 따라 단순어와 합성어로 나눌 수 있다.

(1) 단순어

중국어의 단어는 구조에 있어서 단순어와 합성어의 두 종류로 나눌 수 있다. 하나의 형태소로 구성된 단어를 단순어라고 한다. 단순어는 일음절일 수도 있고, 이음절일 수도 있다. 이음절로 된 단순어는 다음과 같다.

가. 두 개의 음절이 완전히 같은 것

爸爸 아빠　妈妈 엄마　茫茫 아득하다　滔滔 물이 출렁이다

나. 연면어(连绵语)

① 두 음절의 성모가 같은 것(双声)

彷佛 비슷하다　　伶俐 영리하다　参差 일정하지 못하다

② 두 음절의 운모가 같은 것(叠韵)

骆驼 낙타　糊涂 어리둥절하다　唠叨 잔소리하다

③ 두 음절이 완전히 다른 것(非双声叠韵)

马虎 소홀하다　玻璃 유리　葡萄 포도　垃圾 쓰레기

④ 세 음절 이상의 것(音译语)

法西斯 파시스트　奥林匹克 올림픽

(2) 합성어

합성어는 두 개 이상의 형태소로 구성된 것이다. 형태소 사이의 관계에서 볼 때 다음의 몇 가지 구성 방식이 있다. 통사법의 결합 방식과 같다. 중국어 합성어의 결합 방식은 연합식(联合式), 수식식(偏正式), 술목식(述宾式), 보충식(述补式), 주술식(主谓式), 부가식(附加式), 중첩식(重叠式) 등 7가지로 나눌 수 있다. 그중 연합식, 수식식과 부가식 합성어가 가장 많다.

가. 연합식(联合式) : 뜻이 비슷하거나 반대되는 형태소들이 연합관계로 구성

연합식 합성어는 명사형태소, 동사형태소, 형용사형태소가 결합하여 만들어진 합성어이다.

- 두 개의 뜻이 서로 같거나 비슷한 형태소로 구성

① 人民 인민　停止 정지　奇怪 이상하다

- 뜻이 서로 반대 혹은 상대의 형태소로 구성

② 东西 물건　开关 스위치　大小 크기

단어의 의미를 보면, ①류는 두 개 형태소의 뜻을 그대로 보존하고 있으며, ②류는 두 개 형태소의 본뜻에서 파생되었다.

나. 주술식(主述式) : 앞의 형태소가 사물을 가리키고, 뒤의 형태소는 상태, 동작을 표시

① 명사형태소 + 동사형태소 : 地震 지진 日出 일출 民主 민주적이다
② 명사형태소 + 형용사형태소 : 心疼 마음이 아프다 眼红 격분하다 眼热 부러워하다

다. 수식식(偏正式) : 앞의 형태소가 뒤의 형태소를 수식 또는 한정하는 방식

① 명사형태소 + 명사형태소 : 鸡蛋 계란 粉笔 분필 书架 책꽂이
② 형용사형태소 + 명사형태소 : 温泉 온천 红旗 홍기 高粱 수수
③ 형용사형태소 + 동사형태소 : 迟到 지각 热爱 열애하다 静坐 정좌하다
④ 동사형태소 + 명사형태소 : 抹布 행주 睡衣 잠옷 拖鞋 슬리퍼
⑤ 명사형태소 + 형용사형태소 : 冰凉 매우 차다 火热 치열하다 桔黄 누렇다

라. 보충식(补充式) : 뒤의 형태소가 앞의 형태소의 뜻을 보충해서 설명하는 방식

① 동사형태소 + 동사형태소 : 打倒 타도하다 揭穿 폭로하다 煽动 선동하다
② 동사형태소 + 형용사형태소 : 放大 확대하다 减少 감소하다 抓紧 꽉 쥐다

마. 동목식(动目式) : 앞의 형태소는 동작 행위를, 뒤의 형태소는 동작 행위의 지배 대상

2. 문법 교육의 원리

1) 문법 교육의 원리

(1) 상향식 모형

문법 교육은 접근 방법이 다르면 교육 과정이 달라져서 교육 체계도 제약을 받게 된다. 상향식 교육은 형식에서 의미로의 과정에서 문법의 구조, 성분의 기능, 문법 관계와 의미, 화용 등을 중요시 한다. 다시 말하면, 최소의 문법 단위에서 최대의 문법 단위 '형태소→단어→구→절→문장→담화'로 옮겨 가면서 교육시키는 모형이다. 한 개의 문법 항목을 분리하여 명확하게 제시하고, 의미의 구조를 익혀서 점점 큰 문법 단위로 이동하여 연습하도록 하는 교육 모형이다. 상향식 모형은 문법단위, 표층구조, 변형생성, 대체분석 등의 관계를 분석하여 심층의 구조 관계를 밝히고, 의미와 화용을 해석하는 것이다. 이러한 문법 교육은 학습자가 중국어 문법에 대한 전면적인 지식이 있어야 가능하다. 현실적으로 중고등학교 학습자들에게 이 모형은 적합하지 않을 뿐만 아니라, 실제 문법 기능 및 교과 내용과는 거리가 있다. 상향식 모형은 중국어의 유창성보다 정확성을 중요시하며, 학습자를 수동적인 존재로 간주하는 교사 중심의 교육 모형이다.

(2) 하향식 모형

하향식 모형은 형식보다 의미에 초점을 두는 '의미에서 형식으로'의 과정이다. 전체 담화나 텍스트를 이해하면서 학습자 간의 상호 작용으로 각자의 사상과 감정을 표현하고, 그러한 과정에서 중국어의 문법을 교수·학습하는 것이다. 이 모형은 화자가 나타내고자 하는 의도를 중요하게 고려한다. 표현하는 의미에 근거하여 구조를 선택하고 문법 의미와 문법 구조에 따라 표현 형식을 선택하도록 하는 것이다. 즉 기능과 의미에 따른 구문 형성이나 표현의 의도를 분석하는 모형이다. 즉 학습자가 중국어의 언어 현상을 인식하고 습득하도록 하여 문법을 실제적으로 사용하여 학습자의 학습 목표를 실현하도록 하는 것이다. 하향식 모형 역시 문법 의미와 규칙, 조건 등을 설명할 수 있지만, 상향식과 다른 문법 교육 체계이다. 문법 표현은 표현 항목을 중심으로 요구, 명령, 수량, 가능 표현 등 다양한 표현 체계를 구축한다. 어떤 내용을 표현하려면 개념장(概念场), 구조장(构造场), 상황장(语境场)이 서로 긴밀하게 연결되어야 한다. 예를 들면 실제 발화 상황에서 수와 관련된 의미를 표현한다면, 표현하려는 의도에 따라 개념장, 구조장에서 선택한 어휘, 구조, 표현 형식, 어기 등의 제약을 받는다. 이러한 모형은 유창성을 중시하는 구어 문법 교육에 적합하다. 또한 학습자에게 가장 필요한 문법을 체계적으로 설명해 주어 학습자가 표현할 수 있도록 만드는 학습자 중심 모형이다.

2) 문법 항목의 제시 방법

문법 항목을 제시하는 경우 두 가지 방법이 있다. 하나는 먼저 규칙을 제시하고, 그 다음에 규칙이 적용될 예를 제시하는 규칙중심(rule-driven)의 연역적 방법이고, 다른 하나는 먼저 몇 가지 예를 제시하고 여기에서 규칙을 추론하는 발견(discovery) 학습인 귀납적 방법이 그것이다. 이 두 가지 방법은 각기 장단점이 있다.

(1) 연역적 방법의 단점

① 문법을 제시할 때 언어에 대해 이야기를 하는데 그 때 사용하는 메타언어(metalanguage), 즉 문법 용어를 잘 알지 못하거나 관련 개념을 이해하지 못하는 학생들에게 어려울 수 있다.
② 문법 설명은 교사 중심 전달 방식의 수업을 조장하기 때문에 학생들의 참여와 상호작용이 줄어든다.
③ 설명은 시연과 같은 다른 제시 방식만큼 기억하기가 쉽지 않다.
④ 언어 학습이 단순히 규칙을 아는 것에 불과하다는 믿음을 조장할 수 있다.

(2) 연역적 방법의 장점

① 많은 규칙들의 요점을 곧바로 이해하고 설명하는 내용을 간단하고 빠르게 할 수 있다. 그래서 연습과 적용을 위해 더 많은 시간을 할애할 수 있다.
② 많은 학생들의 지능과 성숙을 존중하며, 언어 습득에 있어서 인지적 과정의 역할을 인정한다.
③ 교실 학습에 대한 많은 학생들, 특히 분석적인 학습 방법을 지닌 학습자들의 기대를 충족시킨다.
④ 교사는 요점을 예상하고 미리 준비하기보다, 그것이 나왔을 때에 다루게 된다.

(3) 귀납적 접근의 단점

① 규칙을 찾아내는 데에 소모되는 시간과 노력은 규칙이 언어 학습의 수단이라기보다 목표라고 믿게끔 학생들을 잘못 이끌 수도 있다.

② 규칙을 찾아내는 데에 걸리는 시간은 규칙을 생산적인 연습으로 만드는 데에 소비하는 시간일 수도 있다.

③ 학생들은 잘못된 규칙의 가설을 세우거나 또는 규칙에 대한 그들의 시야가 그것을 적용하기에는 너무 넓거나 너무 좁을 수도 있다.

④ 귀납적 접근은 수업 계획을 세울 때에 교사에게 비중 있는 요구를 할 수 있다.

⑤ 교사는 학습자가 정확하게 규칙을 형성하도록 돕기 위해 자료를 주의 깊게 선택하고 조직해야 하며, 자료는 이해하기 쉬운 것이어야 한다.

⑥ 자료가 주의 깊게 조직된다 해도, 통사 관계나 의미 관계 같은 많은 언어 영역은 쉽게 규칙을 형성할 수 없다.

⑦ 귀납적 접근은 자신의 개인적 학습 양식이나 과거 학습 경험(또는 둘 다)에 의하여 단순히 규칙을 말해주는 것을 더 선호하는 학생들을 좌절하게 할 수 있다.

(4) 귀납적 접근의 장점

① 학습자가 스스로 발견하는 규칙은 제시되는 규칙보다 그들의 사고 구조에 더 알맞을 것으로 보이며 이것은 규칙을 보다 의미 있고, 기억을 잘하게 만들 수 있다.

② 이에 수반되는 정신적 노력은 심도 있는 인지적 깊이(cognitive depth)를 확보함으로써 기억의 향상을 도모할 수 있다.

③ 학생들은 학습 과정에서 능동적인 참여자가 되어 주의가 더 깊어지고 동기화할 수 있다.

④ 도전을 좋아하는 학습자에게 특히 적합한 유형이다. 만약 문제 해결이 협동적으로 이루어진다면, 목표 언어에 있어 학습자는 언어 연습에 대한 별도의 기회를 얻게 될 수 있다.

⑤ 스스로 무언가를 이해하는 것은 학생들에게 더 높은 자기 신뢰감을 갖도록 준비시키는 것이며, 결과적으로 학습자의 자율(autonomy)에 도움이 될 수 있다.

짧고 간단한 용어에 대한 연역적 학습의 장점과 또 어떤 종류의 언어 항목은 '발견되는' 것보다 '주어진'것이 낫다고 제안한 몇몇 증거가 있으며, 조사 시점에서 대부분의 학습자는 문법의 연역적 제시를 더 선호하는 경향이 있다. 그럼에도 불구하고 귀납적 접근을 일단 접한 학습자는 언어 문제를 스스로 해결한다는 장점 때문에 이것에 대한 거부감이 덜 한 편이고, 자연스럽게 접하게 되는 언어 자료에서 유형과 규칙성을 인식하는 능력은 자기 주도적 학습을 위한 매우 귀중한 도구가 될 것이므로 이는 교실에서 유용하게 전개되어야 할 것이다.

어느 문법 항목을 연역적으로 제시할지 귀납적으로 제시할지는 학습자의 성격이나 문법 항목의 성격에 따라 다를 수 있다. 초급의 경우 의미를 연역적으로 제시할 경우 어느 경우에 어떤 의미로 쓰이는지 학습자가 이해할 수 있는 언어로 제시함으로써 시간적인 절약 효과를 얻을 수 있다. 그러나 고급 학습자에게는 자료를 먼저 제시함으로써 규칙을 추론해 내고 다시 생성하게 하는 활동을 통해 스스로 문법 규칙에 접근하게 하는 것이 유용한 방법이 될 수 있다.

3. 문법 교육의 내용

문법과 어휘는 모두 언어의 요소이다. 어휘는 단어의 총체이고 구성 언어의 재료이다. 문법은 단어를 가지고 문장을 만드는 법칙이다. 문법이 없으면 언어를 형성 할 수 없다. 만약 어떤 단어를 가지고 문장을 만들 때 마음대로 배열한다면 비록 그들이 이미 독립적인 단어가 아니더라도 여전히 일정한 의미를 표현할 수 없다. 왜냐하면 그들은 중국어 구조규칙에 따라서 쓰지 않았기 때문이다. 구조규칙에 따라서 쓰일 때 비로소 정확한 의미의 문장이 형성될 수 있다. 우리가 문장을 쓸 때 많은 단어를 사용하여 여러 가지 문장을 만들 수 있는데 모두 일정한 규칙에 따라서 쓰일 때만이 비로소 전달의 기능 (교제기능)을 가지는 문장이 되는 것이다. 교사는 이러한 문법규칙을 지도할 수 있는 기본지식을 갖추고 있어야 한다.

▌문법 단위

중국어의 문법단위는 형태소, 단어, 구, 문장이다. 형태소가 모여 단어가 되고 단어가 모여 구가 되고 구가 모여 문장이 된다.

1) 형태소(语素)

형태소는 뜻을 더 이상 분리할 수 없는 가장 작은 단위이다. 형태소는 단어를 구성하는 소리(音)와 뜻(义)이 결합되어 의사를 나타내는 최소의 문법상의 언어단위이다.

2) 단어(词)

단어는 언어 중 의미를 가지고 있어 단독으로 말을 하거나 글을 짓는데 사용 할 수 있는 가장 작은 단위이다.

3) 구(短语)

구는 두 개 이상의 일정한 규칙과 일정한 뜻을 가지고 있는 글을 지을 수 있는 단어(词)로 구성된 언어 단위이다.

4) 문장(句子)

문장은 단어(词)나 구(短语)가 일정한 문법규칙 구성에 따라서 하나의 완전한 의미를 표현할 수 있는 것으로서 앞뒤에는 정도를 비교하는 것이 오는 일징한 어조 단위를 가지고 있는 것이다.

5) 문장의 분류

(1) 문장 구성이 복잡한지 간단한지에 의해 단문과 복문으로 나눈다.

我们到中国学习汉语. 우리들은 중국에 가서 중국어를 배웠다

이러한 문장은 단지 하나의 주술구로 간단하게 완전한 의미를 표시한다.

你是今年回国, 还是明年回国?

너는 올해 귀국할거니 아니면 내년에 할거니?

이러한 문장은 두 개 이상의 의미상 관계를 가지고 있는 단문으로 구성되어 있다. 복문을 구성하는 단문은 이 복문은 구성하는 절 사이에 일정한 어음의 휴지가 있다.

(2) 표현기능이나 어기에 따라 문장을 평서문, 의문문, 명령문, 감탄문으로 나눈다.

① 평서문 : 사건을 서술하거나 사물에 대해 설명하는 문장

我出去一下. 나는 한 번 출국했다

② 의문문 : 문제제기

你去哪儿? 너 어디 가니?

③ 명령문 : 청구표시, 명령

你们赶快回国! 너희들 빨리 돌아가라!

④ 감탄문 : 감동의 강조표시

这里的风景多么美丽啊! 이 안의 풍경이 너무 아름답다

(3) 구성에 따라 주술문과 비주술문으로 나눈다.

① 주술문 : 주어와 술어 부분으로 구성된 문장을 주술문이라 부른다.

他学习很努力. 그는 매우 노력하며 배운다

② 비주술문 : 주어와 술어로 구성되어지지 않은 문장을 비주술문이라 부른다. 비주술문은 주어나 술어 중 어느 하나가 생략된 문장이다.

小心火车! 조심해 기차다!

(4) 술어의 성질에 따라 명사술어문과 동사술어문, 형용사술어문, 주어술어문으로 나눈다.

① 명사술어문 : 명사가 술어이거나 혹은 명사단어가 술어인 경우

他二十多岁了. 그는 20살이다

② 동사술어문 : 동사가 술어인 경우

我有一本汉英词典. 나는 하나의 한영사전을 가지고 있다

③ 형용사술어문 : 형용사가 술어

天气很好. 날씨가 좋다

④ 주어술어문 : 주어단어결합이 술어인 경우

他身体很好. 그는 몸이 매우 좋다

▌품사분류

1) 명사

명사는 사람, 사물, 시간, 장소 등을 표시한다. 또한 명사는 수량사의 수식을 받을 수 있다. 일반적으로 수사와 명사 사이에는 한 개의 양사가 필요하다. 예를 들면 '一个朋友(한 명의 친구)', '三本杂志(3권의 잡지)' 등이다. 중국어의 명사는 '수'의 문법범주가 없어서 단수, 복수를 논하지 않고, 형식상 모두 같은 형태로 쓴다. 그러나 사람 명사 뒤에는 '们'을 가하여 복수를 표시할 수 있다. 예를 들면 '朋友们(친구들)', '先生们(선생님들)' 등이다.

명사는 문장 중에서 주어, 목적어, 관형어 때로는 술어 기능을 할 수 있다. 예를 들면 "故乡的山水真美丽(고향의 산수는 정말 아름답다)"에서 '故乡'은 관형어로 사용된 예이다.

2) 방위사

방위사는 방향 혹은 위치를 표시하는 단어이다. 방향사는 단순과 복합의 두 종류로 나눈다. 단순 방위사는 4가지가 있는데 '上, 下, 前, 后, 里, 内, 左, 右, 东, 西, 南, 北, 中'이 그것이다. 단순 방위사 앞에 '以', '之' 혹은 뒤에 '边', '面', '头'의 합성 방위사를 더하여 구성 할 수 있다. 방위사는 기타 단어의 앞뒤에 부가하여 방위사를 조성하는데 '楼上', '学校里'와 같은 것들이다. 합성방위사는 문장 중에서 주어, 목적어, 관형어, 부사어로 충당한다. 예를 들면 "以前我不太了解他(이전에 나는 그를 그다지 잘 알지 못했다)"에서 '以前'은 부사어로 사용 된 예이다.

3) 시간사

시간의 명사는 시간사로 표시한다. 예를 들면 '今天', '现在' 등이 있다. 시간사는 문장 중에서 주어, 목적어, 술어, 관형어, 부사어, 보어 등으로 쓰일 수 있다. 예를 들면 "我要在中国学习两年(나는 중국에서 2년 동안 공부를 하려 한다)"에서 '两年'은 보어로 사용 된 예이다.

4) 처소사

장소를 표시하는 명사를 처소사라 할 수 있다. 예를 들면 '上边', '中国' 등이다. 처소사는 문장 중에서 주어, 목적어, 관형어, 부사어 등으로 쓰일 수 있다. 예를 들면 "外边的空气真新鲜(밖의 공기가 신선하다)"에서 '外边'은 관형어로 쓰인다.

5) 수사·양사

수사는 숫자를 표시하는 단어이다. 양사는 사물이나 동작의 단위를 표시하는 단어이다. 중국어의 수사와 양사는 항상 함께 사용된다.

(1) 수사

수사는 기수와 서수의 두 종류로 나누어지고, 기수는 또 정수, 분수, 소수와 배수를 포함한다. 또한 개수(어림수)가 있는데 이는 대략적인 수를 나타낸다. 수사 뒤에 개수를 표시하는 글자를 첨가한다. 종류로는 来, 几, 多, 左右, 上下가 있다. 서수사는 숫자의 순서를 나타내는 것이다. 중국어의 서수사는 기수사 앞에서 편리하게 서수사를 만들기 위해 접두사 '第'를 첨가한다. 그밖에 二와 两, 半의 특수한 수사의 용법이 있다. 二와 两은 모두 2라는 수를 나타낸다. 양사 앞에서는 일반적으로 两을 사용하고 二를 사용하지 않는다. 그러나 10 이상인 수 중의 2는 양사가 있든지 없든지 모두 二를 사용한다. 半은 항상 양사 앞에서 사용한다. 어떤 때는 정수와 양사 뒤에 사용한다.

(2) 양사

양사는 사물이나 동작의 단위를 나타내는 단어이다. 양사는 명량사와 동량사의 두 가지 상위 분류로 나누어진다.

(3) 수량사

수사와 양사가 함께 이어져 사용될 때, 수량사라고 칭한다.

6) 동사

동사는 사람 혹은 사물의 동작행위 혹은 동작, 행위, 존재, 변화를 나타내는 단어이다. 동사는 문장에서 술어가 된다. 동사 앞에 不나 没有의 부정사가 올 수 있다. 그리고 목적어를 가질 수 있다. 동사는 때에 따라 관형어, 주어, 목적어, 부사어가 될 수 있다.

(1) 동사의 중첩

형식 - 단음절은 AA, 쌍음절은 일반적으로 ABAB형식이다. 중첩하면 동작의 경험시간이 짧음을 나타내며, 어느 때는 시험해 보다는 것을 나타낼 수 있다. 일상에서 간청이나 상의할 때에 주로 쓰이고 동작이 일반적으로 아직 발생하지 않은 것을 나타낸다.

(2) 조동사(능원동사)

조동사는 동사 앞에 높이고 원망, 필요, 혹은 가능을 나타낸다. '不'를 써서 부정할 수 있다. 정반의문문은 능원동사의 긍정과 부정형식을 병렬하는 방식이다. 능원동사는 뒤에 동태조사를 수반 할 수 없고 중첩할 수 없다.

<몇 가지 조동사>

(1) 要

要는 동사가 되기도 하지만 조동사가 되기도 한다. 要가 동사 혹은 형용사 앞에서 조동사이고, 희망 혹은 의지를 나타낸다. 要가 뒤의 동사 혹은 형용사와 함께 술어가 된다. 부정형식 - 不要 앞에 不要는 사실상의 필요없음을 나타낼 수도 있다. 부정식 不用과 의미가 같다.

(2) 想

다른 동사 앞에서 술어로 쓰일 수 있고, 뜻은 要와 비슷하다. 부정식 - 想 앞에 不를 붙인다.

(3) 会

어떤 기능이 학습을 통해서 숙달되는 것을 나타낸다. 부정식은 会 앞에 不를 붙이고, 会는 어떤 종류의 활동진행 능력이 있음을 나타낼 수도 있고, 혹은 어떤 류의 상태가 출현할 가능이 있음을 말한다.

(4) 能과 可以

어떤 일을 하는 능력이 있음을 나타내고, 객관적인 조건의 허락 혹은 금지를 나타내기도 한다. 금지를 나타낼 때 "不可以" 이외에도 能과 可以의 부정형식으로 不能을 쓴다.

(5) 应该

도리상 혹은 사실상의 필요나 당연을 나타낸다.

<몇 가지 동사적 용법>

(1) 在

부사와 전치사가 되는 것 이외에도 동사가 될 수 있다. 동사일 때는 소재를 나타내고 사람 혹은 사물의 소재 지정 혹은 위치를 말한다. 뒤에는 항상 장소 목적어가 온다. 부정식 - '不在'

(2) 是

앞에 있는 사람이나 사물의 판단 혹은 설명을 한다.

형식 긍정 - 명사 + 是 + 명사

부정 - 명사 + 不是 + 명사

(3) 有

① 목적어 중간에 종종 수량사가 온다.

존재시간을 나타내며, 문장의 주어는 항상 시간 혹은 처소적 명사 혹은 방위 단어가 온다.

② 때로는 수량사 앞에서 어느 수량에 다다랐는지를 나타낸다.

③ 겸어구를 구성할 수 있으며 그 위치는 일반적으로 겸어 앞이다.

④ 예측(짐작)을 나타낼 수도 있다.

⑤ 나열을 나타낼 수도 있다.

7) 형용사

형용사는 사람 혹은 사물의 형상, 성질을 나타내거나, 동작, 행위, 변화의 상태를 나타내는 단어이다. 대다수 형용사는 정도 부사의 수식을 받을 수 있다. 부정부사 不를 더할 수도 있으며, 목적어는 수반

할 수 없다. 목적어를 수반할 때는 형용사가 동사를 겸한다. 대다수 형용사 뒤엔 了가 더해질 수 있다. 중첩도 가능하다.

(1) 형용사의 문법 기능 : 형용사는 문장 중에서 주로 관형어, 술어, 부사어, 보어가 된다.

(2) 형용사의 중첩 형식 : 단음절 – AA / 쌍음절 - AB AB

8) 부사

중국어에서는 동사나 형용사 앞에서 그것들을 수식하는 문장 성분을 부사어라고 하는데, 대표적인 것이 부사이다. 문장 안에서 부사는 술어로 쓰이는 동사나 형용사 앞에 위치 한다. 그 종류로는 시간을 나타내는 부사, 정도를 나타내는 부사, 범위·한도를 나타내는 부사, 반복·빈도를 나타내는 부사, 말하는 사람의 심정을 나타내는 부사, 부정·금지를 나타내는 부사가 있다.

상용부사의 종류로는 都, 也, 不, 没, 还, 就, 才, 又 등이 있다.

9) 대명사에는 인칭대명사, 지시대명사, 의문대명사가 있다.

10) 전치사

전치사(介词)는 뒤에 명사, 대명사(명사구)와 함께 전치사구를 형성하여 술어 앞에 놓여 동작 행위의 시간, 장소, 방향, 대상, 원인, 수단,

방식, 피동, 비교 등을 나타낸다. 중국어의 대명사는 영어의 전치사와 상당히 비슷하다. 그 종류로는 在, 跟, 对, 为, 向 등이 있다.

11) 접속사

접속사(连词)는 단어·구를 연결하는 허사이다. 종류로는 和, 或, 或者, 还是, 而 등이 있다.

① 和는 서로 같거나 구성이 서로 비슷한 단어 혹은 병렬관계를 표시할 때 사용한다. 和는 일반적으로 명사, 대명사 혹은 명사단어를 연결한다. 만일 두 개 이상의 단어 혹은 구를 연결할 때 和는 맨 뒤에 단어 혹은 구에 앞에 놓이며 앞에 각 항에 쉼표를 찍는다.

② 或, 或者는 선택을 나타내는 접속사이다. 두 개 항목 이상의 사물 가운데서 임의로 하나의 항목을 선택하는 것을 설명한다.

③ 还是는 선택을 표시하고 주로 의문문에 쓰인다. 还是는 두 개의 동반구조를 연결해주면 진술문에 쓰였을 경우에는 어떠한 일이 확실하지 않다.

④ 而는 두 개의 형용사를 이어주고 두 종류의 성질 상태의 상호 보충을 표시한다.

12) 조사

조사는 단어·구·문장 상에 쓰여 부가적인 의미를 나타낸다. 조사는 단독으로 쓰일 수 없으며 경성으로 발음한다. 조사는 구조조사, 동태저 ㇒(撇)을 긋고 ㇏(捺)을 그으며, 위에서 아래로, 좌에서 우로, 밖에서 안으로, 먼저 들어가고 나중에 닫으며, 가운데를 먼저하고 양쪽을 나중에 한다. 필순을 이해하는 것 이외에, 필형을 분별하여 알고 쓰는 것을 배워야 한다.

(2) 필순

한자 쓰는 필순(笔顺)은 매우 중요하다. 한자의 구조를 이해하고, 글씨를 쓸 때 자체(字体)의 균형으로 아름답게 쓸 수 있다.

① 한자의 기본 필법은 항상 위에서 아래로 : 二, 工, 言, 客

② 왼쪽에서 오른쪽으로 : 川, 州, 側, 外

③ 가로 획과 세로 획이 교차될 때, 가로 획을 먼저 쓴다 : 十, 春, 支(예외)세로획부터 : 田, 角, 推

④ 좌우 삐침과 파임이 교차할 때, 좌삐침부터 쓴다 : 人, 父, 合

⑤ 左(좌) 右(우) 대칭일 때, 가운데, 좌, 우순으로 먼저 쓴다 : 小, 水,乐 (예외) 가운데를 나중에 : 火, 性

⑥ 몸과 안쪽이 있을 때, 몸쪽(바깥쪽)을 먼저 쓴다 : 內, 因, 同, 司, 国 (예외) 우측이 터진 경우는 다르다 : 区, 匹, 臣

⑦ 가로획이 길고 왼쪽 삐침이 짧으면 왼쪽 삐침(㇒)부터 :右, 布, 希, 有, 文, 父, 人, 入, 欠

⑧ 가로획이 짧고 왼쪽 삐침이 길면 가로획(一)부터 쓴다 : 左, 友, 存, 在

⑨ 상하로 꿰뚫는 세로획은 나중에 쓴다 : 车, 中, 手 事, 平, 虫, 里, 重

⑩ 좌우로 꿰뚫는 가로획은 나중에 쓴다 : 女, 母 子 舟 (예외) 가로획부터 쓴다 : 世

⑪ 오른쪽 위(어깨)의 점(㇔:주)은 맨 나중에 쓴다 : 成, 犬, 代, 博

⑫ 책받침류는 나중에 쓴다 : 建, 道, 直(단 起, 题, 勉은 먼저 쓴다)

⑬ 두 가지 이상 관용화된 글자 : 上, 马, 止, 耳, 感, 兴, 田, 佳

⑭ 주의를 요하는 글자 : 臣, 希, 有, 成, 承, 必, 世

⑮ 走, 夊, 免, 是는 맨 먼저(起, 勉, 题),

⑯ 辶(착), 廴(인)은 맨 나중에(近, 建, 直),

⑰ 특수한 자형(凸5획, 凹5획, 亞8획),

⑱ 두 가지 필순을 택하는 경우(止, 耳, 感, 兴/必)

(3) 부수

부수(部首)는 본래 같은 부분이나 비슷한 부분을 가진 한자를 한 곳에 모아놓고 질서 있게 배열하기 위하여 채택한 기본자로 한자의 짜임과 밀접한 관계를 가지고 있다. 한자의 자형을 구조에 따라 계통적으로 분류하여 공통된 자형의 한자를 단위로 하고 다시 획수에 따라 정리한 것이다. 한자의 외형적 한 부분(部)이면서 전체 의미를 상징(首)한다. 자세하게 표현하면 한자의 자형(字形) 구성 면에서 낱개의 글자마다 내포되어 있는 의미의 부호를 추출하여 한 부(部)를 만들고 그 부가 공통된 형태를 분류하여 부수로 삼는다. 예를 들면 '心'과 같이 더 분석할 수 없는 글자도 있지만 대다수의 한자는 '禪'(示+单)과 같이 두 부분이 결합되어 이루어진다. 이때 '示'는 그 계열에 소속된 글자에 공통으로 쓰이는 부분이고, '单'은 공통 부분과 결합하는 개별 부분으로서 전자를 부수라고 하고, 후자를 몸(身)이라고 한다. 결국 부수는 한자의 핵심의미이자 한자 분류의 기본 원칙이 되는 것이다. 특히 육서 원리의 형성자(形声字)에서 의미 부분이 바로 그 글자의 부수이다. 곧 한자의 80% 이상인 형성자의 효과적 이해는 부수의 이해에서부터 시작될 수 있는 것이다.

부수(部首)의 발생은 뜻글자(표의문자(表意文字))인 한자의 특성으로 인해 기하급수적으로 늘어나는 문자를 체계적으로 분류하고 정리할 필요성에서 착안된 것이다. 최초의 부수의 개념을 창안한 사람은 중국 한(汉)나라 때의 경전(经典)학자이자 문자(文字)학자였던 허신(许慎)이다. 문자의 성인으로 불리우는 허신이 세계 최초의 자전(字典)이며 현존하는 문자학(文字学)의 최고 권위를 지닌《설문해자(说文解字)》를 만들었는데, 계통별로 540개의 부수를 분류해 당시 한자 9,353자를 체계적으로 분류했고, 또한 구성원리인 육서(六书)의 법칙으로 한자의 구조를 설명했다.

부수(部首)의 구성(构成)과 배열(排列)부수는 현재 1획부터 17획까지 총 214개로 이루어져 있다. 하지만 오랜 세월 동안 변천되어 왔기에 정확한 객관성이나 과학적 분석면에서는 다소 의문되는 부분도 있다. 의미가 중복이 되는 경우나 의미 전달의 미흡, 분류의 미흡 등이 있는데(皿-血, 首, 麻, 黑, 鼓 등), 특히 글자의 총획수가 적어 의미 부분의 추출이 곤란한 한자의 경우 형태가 유사한 부수에 일괄해서 포함시킨 흔적이 보이기도 한다. 또한 형태면에서 단독의 글자로 이루진 부수도 있지만 상용(常用)이 되지 않는 부수도 다수 있다.

전체 214개 가운데 자원(字源)에 따라 보면 형상을 본뜬 상형자(象形字)가 149자, 추상적 상징의 약속인 지사자(指事字)가 17자, 의미끼리의 결합인 회의자(会意字)가 21자, 의미와 발음의 결합인 형성자(形声字)가 27자이다. 여기에 자원(字源)에서 확대된 가차(假借)의 개념으로 설명되는 부수들도 있다.

부수의 분류

한자의 부수는 놓이는 위치에 따라 8종류로 분류된다. 부수는 상·하, 좌·우 등 글자의 한 부분에 위치하게 되는데 그 놓인 위치에 따라 일정한 명칭을 갖는다.

① 변(邊) : 글자의 왼쪽에 위치한 자형의 명칭
仁, 冷, 吹, 地, 婚, 往, 快, 防, 时, 植, 牧, 狗, 現, 睦)

② 방(傍) : 글자의 오른편에 오는 자형의 명칭
刑, 功, 形, 郊, 料, 歌, 規, 收, 鳴, 雉

③ 머리(首, 頭) : 글자의 위쪽에 쓰이는 자형의 명칭
亨, 冠, 安, 家, 爭, 究, 筆, 署, 華, 發, 雲

④ 발(밑 足) : 글자의 아래에 쓰이는 자형의 명칭
元, 堅, 墨, 娶, 忠, 盟, 製, 貧, 賀

⑤ 엄(엄호 垂) : 글자의 위쪽에서 왼쪽 아래로 걸쳐 쓰이는 자형의 명칭
厄, 尿, 店, 房, 病, 虎

⑥ 받침(책받침 繞) : 글자의 왼쪽 위에서 내려와 아래쪽을 받쳐주는 자형의 명칭
建, 近, 超

⑦ 몸·에운담 : 글자의 바깥쪽을 에워싸는 자형의 명칭
囚, 間, 鬪, 匠, 匿, 街, 凶, 出

⑧ 제부수 : 글자를 더 이상 나눌 수 없고 그대로 쓰이는 자형의 명칭

(4) 부건(部件)

한자의 가장 작은 구성단위를 부건이라고 한다. 예를 들면 部는 '立, 口, 阝' 세 개의 부건으로 이루어진 합체자이다. 부건은 자형 분석에서 한자를 구성하는 필획 사이의 조합을 가리킨다. 부건은 합체자를 구성하지만 '日, 车, 力'처럼 독립적으로 운용할 수 있는 독체자도 있다.

3. 한자와 중국어의 관계

1) 한자는 중국어의 특징에 알맞은 음의(音义)문자

모든 한자는 형·음·의를 가지고 있으며, 자형은 중국어의 형태소, 단어의 의미를 전달하기 때문에 한자의 음의는 중국어의 형태소이자 단어의 의미이다. 한자는 고대 단음절어의 특징에 따라 하나의 한자가 하나의 음절이며, 중국어의 단어이며 형태소이다. 중국어는 음절이 적어 동음자가 많고, 한자는 자형의 구별기능으로 동음자가 오래동안 존재할 수 있게 되었다. 따라서 자형의 의미구별 기능은 중국어 서면어가 동음자 때문에 혼란을 일으키지 않는다. 형태소를 표시하는 한자는 형·음·의를 가지고 있다. 이것이 대부분의 한자를 형성자의 구조방법을 이용하여 의부와 음부를 결합한 많은 형성자를 만들었다.

한자의 변화와 발전은 어느정도 중국어의 제약이나 촉진을 받아야 한다. 예를 들면 주진(周秦)시대의 중국어는 단음절어가 많았으며, 단어의 파생이 많은 한자가 늘어났다. 바로 이 시기에 한자의 형성화를 촉진하며 형성자가 대량으로 만들어졌다. 위진(魏晋)시대 이후에는 중국어의 조사(造词) 방식이 합성(合成)의 형식으로 점점 변화하면서 한자가 늘어나는 속도도 완만해졌다. 언어의 발전에 따라 어휘가 갈수록 풍부해지면서 한자의 표의 기능이 늘어나 고대에는 많은 한자가 여러 가지 의미를 갖게 되었다.(一字多义语) 이후에는 중국어의 단어를 구분하기 위해 한자에 편방(偏旁)을 붙여 새로운 한자를 만들고 이 편방과 관련된 한자가 증가하였다. 중국어 단어가 점점 복음절화

되면서 한자는 표의기능과 조사(造词)기능을 할 수 있게 되자 여러 개의 한자 의미를 조합하여 새로운 단어의 의미를 만들었다.

2) 한자가 중국어에 끼친 영향과 차이

한자는 중국어를 기록하는 도구로 떨어질 수 없는 관계이다. 한자가 만들어진 이후 조자법 등은 중국어에 맞게 적용하는데 커다란 영향을 주었다. 한자 자형이 집적한 표의와 조자 기능은 중국어의 발전에 기여하였다. 진시황이 문자를 통일한 이후 중국어는 7대 방언으로 나뉘었다. 한자는 소리문자가 아니기 때문에 각 방언사이의 언어 차이는 있지만 한자를 각 방언의 서사형식으로 사용할 수 있었다. 이는 한자가 중국어의 시공성을 초월한 서면언어로 바뀐 것이다. 한자의 성질과 특성은 민족 공동어의 형성을 촉진하였으며, 한자가 가지고 있는 본질적인 표의성은 중국어가 분화되지 않고 동일한 기록 방법을 갖게 만들었다. 한자의 표의성은 한자자형으로 동음어를 구별할 수 있게 만들어 중국어의 많은 동음어를 구별할 수 있다. 예를 들면 '人, 仁, 壬'은 음(音)은 같고 형의(形义)는 다르다. 이처럼 한자의 표의 특징은 중국어 어휘의 발전에 영향을 주었다. 또한 한자의 출현은 중국어의 서면언어를 만들어 다채로운 문학언어로 표현하고, 어휘와 문법의 발전에 큰 기여를 하였다.

한자와 중국어의 차이점은 무엇일까? 한자는 자형으로 중국어의 형태소와 단어의 의미를 전달하는 도구이자 부호이다. 중국어는 말을 할 수 있지만, 한자는 읽을 수 있는 것이다. 한자는 단지 중국어를 서면어로 바꾸어 중국어를 전파하는 부호이다. 한자의 역사는 중국어의 역사 만큼 오래되지 않았다. 중국어가 존재한 이후에 한자가 만들어졌다. 한자는 많은 변화를 거쳐서 오늘날 인위적으로 개혁하여 간체화 한 것이다. 중국어는 한자가 기록하는 도구가 되면서 구어와 서면어의 전달 방식이 형성되었고, 구어의 변화가 서면어의 변화보다 빠르다. 서면어는 반드시 한자에 의존할 수밖에 없다.

4. 한자 교육의 내용과 방법

1) 한자교육의 내용

모든 음절에 형·음·의를 가진 한자는 중국어를 표시하는 단어이며 형태소이다. 한자교육은 단순하게 자형, 자음, 자의를 교육하는 것이 아니다. 형·음·의뿐만 아니라 한자를 어떻게 활용하고 머리속에 기억하여 한자를 만드는 부건의 표의와 표음 기능을 교육하는 것이다. 즉 효과적인 한자교육 방법을 통해 학생들이 한자를 활용하여 읽고 쓸 수 있도록 교육하는 것이다. 따라서 학생들은 한자의 기본지식 이외에도 한자의 인지능력, 분석능력, 추리능력, 활용능력을 학습하는 것이 중요하다.

(1) 한자의 인지능력

① 자형(字形)의 인지능력

자형의 인지능력은 한자구조의 특징을 인지하는 능력이다. 한자를 보고 학생들이 독체자인지 합체자인지 판단할 수 있어야 한다. 독체자이면 자형이 표시하는 의미가 무엇이고, 합체자이면 부건이 어떠한 의미이고, 어떻게 구성되었는지를 인지하는 능력이다. 또한 학생들이 합체자의 표음 부분과 표의 부분을 분석하여 위치에 어떠한 특징이 있는지 판단할 수 있는도록 교육하는 것이다. 학생이 자형에 대한 인지능력이 형성되면 스스로 생각하여 판단할 수 있다. 예를 들면 학생에게 '我와 找' 이 두 글자는 비슷하여 교육할 때 쉽지 않다. 교사는 이 한자 구조의 차이점을 설명해야 한다. 독체자 '我'자는 고대 자형의 변화를 이용하여 학생들에게 설명할 수 있어야 한다. 또한 합체자 '找'자는 '扌'와 '戈' 두 부건으로 분석되며, '扌'는 의미를 표의 부건으로 손과 관련이 있는 의미를 표현한다라고 설명할 수 있다.

② 자음(字音)의 인지능력

한자는 인구어처럼 자형을 보고 읽을 수 있는 규칙이 없어 자형의 표음 능력이 뒤떨어졌다. 형성자에 표음기능이 있어도 성부의 표음과 형성자의 독음이 완전히 일치하지 않는다. 학생들이 자형을 보고 한자의 자음을 읽는 것은 불가능하다. 이것은 중국인도 읽을 수 없다. 자음의 인지능력은 학생들에게 독체자의 자음을 교육하고 부건의 표음 규칙으로 합체자의 음을 읽을 수 있는 표음능력을 교육하는 것이다. 예를 들면 '青'자는 합체자에서 주로 표음 부건으로 활용하는데, 이 부건이 있는 한자의 독음은 일반적으로 'ing'과 관계가 있다. '清, 请, 情, 晴'자의 음은 모두 'qing'이고, '精, 静, 睛, 靖, 箐'자의 음은 모두 'jing'이다. 교사가 학생들에게 이러한 특징을 설명하면, 학생은 부건 青이 있는 한자를 보고 표음 부건이라는 것을 알고 읽는데 어려움이 없다.

③ 자의(字义)의 인지능력

교사가 학생들에게 한자의 자의에 대한 인지능력을 교육하는 것이다. 한자 자형의 최초의 의미는 바로 자형을 통해 의미를 표시한 것이다. 그렇기 때문에 현대 한자의 자형이 변하여 고대 사람이 표시하려는 의미를 정확하게 식별할 수 없을지라도 그 한자 속에 의미의 흔적이 담겨있어 분명하게 찾아낼 수 있다. 한자 자의의 인지능력은 한자의 독체자, 회의자에 대한 이해, 형성자의 형방이 표시하는 의미의 이해, 한자를 구성하는 부건이 표시하는 의미의 이해와 학습한 한자가 중국어 어휘와 어경 속에서 표시하는 의미에 대한 이해를 다 포함한다.

독체자는 한자에서 차지하는 비율이 높지 않다. 그렇지만 독체자는 합체자를 만드는 구조에서 많은 기능을 한다. 합체자에서의 표음과 표의기능을 하기 때문에 반드시 독체자의 음의(音义)를 숙지해야 한다. 학생들이 독체자를 보면 그것이 표시하는 의미, 형태소의 의미, 어경의미를 일 수 있어야 한다. 이렇게 하면 학생들은 머리 속으로 자형이 표시하는 의미에서 언어를 사용하면서 출현할 수 있는 의미까지 식별할 수 있다. 예를 들면 고대 상형자에서 변해 온 '火'자가 표시하는 의미는 어떤 변화도 없다. '火熱'(불같이 뜨겁다), '着火'(불타오르나) 등이 구에서 사용되는 의미는 모두 한자가 처음 만들었을 때의 의미이다. 그리고 '上火'(상초열이 나다), '火冒三丈'(화가 머리 끝까지 치밀다) 등의 단어에서 '火'의 의미는 '这本书现在卖得很火'처럼 이미 인신되어 활용하고 있다. 이러한 어경에서 '火'은 '红火'(왕성하다)의 의미이다. 학생들이 '火'를 보고 두뇌에서 평소에 읽고 대화에서 자주 출현하는 의미라고 반응한다.

(2) 한자의 분석능력

① 한자의 분석과 부건의 조합 능력

하생이 한자를 보고 합리적으로 한자 구조를 찾는 능력이다. 층차를 나눈 구조인지 평면 구조인지 직접 판단하는 것이다. 이러한 판단은 한자 지식을 가지고 있는 학생이 가능하다. 교사는 자기의 교수법을 통해 학생들이 천천히 지각할 수 있도록 한자 교육을 해야한다. 학생이 정확하게 한자의 형태를 분석할 수 있다면 성공적인 교육이 된다. 서로 다른 부건을 보고 한자를 조합할 수 있으면 한자 구조에 대한 인식이 달라진다. 학생의 자형 분석능력에 앞서 구조 분석능력을 학습하면 독체자와 합체자 차이를 판별할 수 있다. 또한 합체자는 그 구조가 어떻게 조합되는지 알 수 있다.

② 부건의 표의기능 분석능력

한자 부건의 표의 기능을 분석하는 것은 습득한 한자 부건의 표의 기능을 구체화하는 것이다. 예를 들면 부건 '隹'가 있는 '谁, 维, 唯'자에는 표음 성분이 있지만, '集, 难, 隼'자에는 작은 새라는 표의 성분이 있어 학생이 隹의 의미를 판단할 수 있다. 이러한 능력은 교사가 학생에게 구체적인 부건의 기능을 설명하여 부건이 한자의 조자(造字) 과정에서 어떠한 기능을 하는지 충분히 인식하게 된다. 따라서 교사는 부건의 표음과 표의 기능을 이해하여 학생에게 설명해야 한다. 예를 들면 합체자에 자주 나오는 부건 '攵, 攴'(칠 복)의 자형의 변화 과정를 설명하고 '夂(뒤쳐올 치), 攵' 등의 차이점을 교육하여 학생들이 '放, 牧, 敏, 敲'자를 분석할 수 있는 능력을 키워준다.

③ 부건의 표음기능 분석능력

한자는 춘추전국시대가 되면 형성자는 약 90%를 차지하게 된다. 이처럼 비율이 높아져 현재는 한자 대부분이 형성자이다. 형성자의 성방의 표음기능은 반드시 이해해야하는 부분이다. 독체자, 합체자의 표음기능은 규칙을 찾기 어렵다. 학생들이 학습할 때 습득한 한자의 자음과 단어를 기억하고 있으면, 표음기능을 분석할 수 있는 능력이 형성된다. 교사는 평소에 형성자의 표음기능을 하는 부건을 분석하여 설명해 주면 학생들이 이해하기 쉽다. 예를 들면 학생에게 가르칠 때 '都'는 부사의 기능을 하며 발음은 'dōu'라고 교육한다. 자형의 측면에서 보면 '首都'을 읽을 때 'dū'를 먼저 교육해야한다. 학생들에게 부건 '阝'(언덕 부)의 의미와 '者'의 표음을 설명하면 학생들은 '者'zhě가 어떻게 성방이되는지 이해할 수 있다. 먼저 者의 합체자 ' 堵, 睹, 赌, 煮, 猪, 诸, 著, 箸'의 성방은 모두 '者'이고, 발음이 모두 'u'와 관계가 있음 설명해야 한다. 학생들이 '者'가 있는 합체자인 것을 보게되면, 이 한자가 성방이라고 판단하여 분석하는 능력이 형성된다.

(3) 한자의 추리능력

한자의 추리능력은 사실 한자교육에서 끊임없이 노력해야하는 부분이다. 아무리 많은 한자교육을 받은 중국인이라도 모르는 한자를 가지고 추리하기 쉽지 않다. 그러나 모르는 한자가 나왔을 때 자기가 습득한 자형의 부건 지식을 근거로 추리하는 능력을 갖추어야 한다. 한자의 추리능력을 형성하려면 한자 부건의 표의, 표음 특징을 학습해야 한다, 이러한 기본 지식이 없으면 학생들 스스로 추리할 수 있는 능력이 없다. 예를 들면 '尸'(주검 시)의 고대 자형은 사람이 앉아있는 모습이다. '尾, 屈, 尿, 屎, 屋' 등의 자의는 일반적으로 사람과 관계가 있다. 또한 외형적으로 비슷한 '户'의 고대 자형은 외짝 문이다. '房, 启' 등의 합체자는 문과 관련이 있는 의미를 표시한다. '护, 炉, 庐' 등은 표음기능이 있는 합체자이다. 교사가 이처럼 두 가지 부건을 교육할 때는 표의와 표음 특징을 숙지하여 학생들에게 가르쳐야 한다.

2) 한자교육의 방법

한자를 보여주는 것은 새로운 한자의 형·음·의를 먼저 학생에게 제시하여 학습하려는 한자에 대해 초보적으로 이해시키는 방법이다. 형·음·의를 가진 한자를 제시하여 학생들이 비교적 짧은 시간에 정확하고 효과적으로 한자를 이해하도록 해야한다. 자주 쓰이는 한자 전시 방법은 다음과 같다.

(1) 그림보고 한자 알기

그림을 가지고 한자의 뜻을 제시하고 옆에 한자와 병음을 적어 읽는다. 이는 한자 교육에 자주 쓰이는 방법이다. 아래는 몇 가지 예이다. 전시 방법은 그림을 보여 자형(字形)을 이해시키고 자음(字音)을 읽어준다. 학생은 그림을 통하여 한자의 뜻을 쉽게 이해할 수 있다. 즉 도형(그림) 옆에 한자를 쓰고, 그림을 사용해 한자의 뜻을 알려주니 그림을 보고 한자를 습득할 수 있다. 이 방법은 생동감있고 직관적이며, 도형과 한자의 자형 관계가 밀접할 때는 효과가 더욱 좋다.

(2) 칠판에 한자 쓰기

교사가 학습하려는 한자를 직접 칠판에 쓰고(또는 교수매체 사용) 설명한다. 예를 들면 '汉语'를 가르칠 때, 교사는 판서를 하며 필획이나 부분 명칭을 쓰고 읽으며 자의(字意), 자음(字音)을 설명할 수 있다.

"汉 hàn, 汉语의 汉은 삼수 변에, 점, 점, 좌에서 우로 비껴 올리고, 又는 가로로 긋다가 왼쪽 아래로, 왼쪽 위에서 오른쪽 아래로, 이 자는 汉(hàn)으로 읽고...."

"语, 왼쪽은 言자 방이고, 오른쪽 위는 3, 4, 5의 五, 아래는 입 하나,

이것은 汉语의 语, 语言의 语...."

교사가 한자를 판서할 때는 '필획·필순·부수·구조' 등을 중점적으로 설명한다. 학습 1단계는 학생이 한자에 기초가 있는 경우, 교사는 수업 전에 학습할 한자를 판서해 놓고 쓰기 어렵고 틀리기 쉬운 한자를 선택해 집중적으로 설명한다. 시작 단계에서 한자 쓰기 전용 칠판을 사용하여 판서하면 학생들이 한자의 구조와 필획의 위치를 직관적으로 보고 글씨를 잘 익힐 수 있다. 현재 중국에서는 칠판을 활용하여 한자 쓰기교육을 하는 것이 가장 보편적인 방법의 하나이다. 그것은 편리하고 직관적이라서 학생은 직접 교사가 쓰는 방법을 관찰할 수 있고, 교사는 판서하는 동시에 한자 형체 특징과 자음(字音)·자의(字意)를 설명할 수 있기 때문이다. 판서를 통해 한자를 가르치려면, 교사가 판서 전에 수업 계획을 근거로 하여 새로운 한자의 순서를 배열해야 한다.

① 부수에 따른 배열

본문에 새로운 한자가 나오는 순서에 따라, 학습하는 한자의 특징에 근거하여 서로 같은 부수의 한자를 함께 써서 배열한다.(예 汉, 清, 泪 등)

② 동음자(同音字)를 모아 써서 배열한다.(예 青, 清, 轻 등)

③ 한자구조가 서로 같은 것을 분류하여 배열한다.(예 상하구조 : 音, 字, 是, 포위구조 : 近, 建, 这 등)

이러한 방법의 배열은 교사가 설명하기 쉽고, 학생이 파악하기에도 편리하다.

(3) 카드로 한자 보여주기

수업 전에 한자를 카드 위에 적고 수업시간에 학생에게 카드를 보여주며 한자를 학습한다. 카드는 많은 종류의 제작 방법이 있는데, 기본적으로 한자의 형·음·의 세 방면을 고려하여 제작해야 한다. 카드를 제작할 때는 학생의 수학 능력에 근거하여 다른 방법으로 선택할 수도 있다. 일반적으로 한 면에 하나의 한자를 쓰고 학생이 병음이나 뜻을 쓰지 않고 읽는 연습을 진행하는데 더욱 효과적이다. 카드를 사용하여 한자를 보여주는 것은 한자 교육 초기에 비교적 좋은 방법이다. 카드를 사용하는 것은 편리하고 빠르기 때문에 시간을 절약할 수 있다. 게다가 한자를 보여주는 것 외에도 연습하거나 집중적으로 복습할 때 사용할 수 있다. 카드를 사용하여 한자를 보여주는 방법에는 두 가지가 적절하다. 하나는 카드에 병음이 써 있는 면을 먼저 보여주고 학생에게 읽게 하면서, 동시에 교사는 한자의 뜻을 알려 준다. 그런 다음에 카드를 뒤집어 학생에게 자형을 보여주고 음·형·의에 대한 전체적인 설명을 한다. 다른 하나는 먼저 카드에 한자가 써 있는 면을 보여주고 학생에게 직접 한자의 자형을 결합하여 자의를 설명할 수 있다. 그런 다음에 카드를 뒤집어 학생에게 병음을 보고 소리 내어 읽게 한다.

(4) 새로운 한자 학습하기

이미 학습한 한자, 부수 및 한자 구조 지식을 이용하여 새로운 한자를 학습한다. 학생이 한자에 대해 이미 기본적 지식이 있거나 일정량의 한자를 습득한 이후에 새로운 한자를 학습하는 방법으로 필획,

부수, 구조, 자음 등 여러 측면에서 시작할 수 있다. 아래는 가장 기본적인 방법들이다.

■ 필획을 사용하여 학습하기

예를 들면 이미 배운 '字'를 토대로 '学'를 가르친다. 교사는 칠판에 '字'를 쓰고, 동시에 '学'자 카드를 꺼내며 설명한다.

('字'를 가리키며) 이것이 무슨 자일까요?······

맞아요, (学를 가리키며)이것과 字는 무엇이 다를까요?······

판서 : 字 → 学 (学자 윗부분은 색분필을 이용해 표시한다)

■ 부수를 사용하여 학습하기

이미 학습한 '汉, 请'을 토대로 '清'를 학습한다. 교사는 汉 – 请 ⇒ 清 ('汉'자의 '氵', '请'자의 '青'과 '清'자는 색분필을 사용하여 표시한다)자를 판서하고, 학생에게 설명한다. "清楚의 清자 왼쪽은 삼수변이고 汉语의 汉자 왼쪽과 같아요, 오른쪽은 请자의 오른쪽 青과 같고, ····"

■ 구조를 사용하여 학습하기

예를 들면 학습한 谢자를 토대로 树자를 학습한다. 교사는 판서를 하고 두 글자의 서로 같은 곳을 명확하게 가리킨다. '谢'자는 세 부분이 있는데, '树'자도 역시 세 부분으로 되어있다."

■ 자음(字音)에서 학습내기

예를 들면 학습한 '青'자를 토대로 '清, 轻'자를 학습한다. 교사는 이 세 개 글자를 분별하여 판시한 후에 지도한다. "이것은 青年의 青으로, 이 두 자는 青과 독음이 같다."

■ 자의(字意)에서 학습내기

예를 들면 이미 학습한 江자를 참고로 교사는 '湖, 海'를 가르친다. "매우 크고 유동적인 물은 江이라고 합니다. 湖(판서하며 소리 내어 읽는다)는 무슨 뜻인지 알겠어요? ···· 그럼 湖보다 큰 면적의 물은 뭐라 할까요? ····海(자형을 판서하며 소리 내어 읽는다)

필획, 부수, 구조, 자음 등 여러 가지 한자 규칙을 이용하여 한자를 학습하는 것은 수업의 중요한 요소이다. 끊임없이 학습한 한자를 복습하여 습득하고, 학생들이 한자의 내부 구조를 이해하여 기억을 강화시킬 수 있다.

5. 한자를 해석하는 방법

한자를 해석한다는 것은 한자의 특징에 근거하여 학습하려는 한자의 형·음·의 세 방면에 대한 분석과 설명을 가리킨다. 한자는 표의의 특징을 가지고 있는 음의(音义)문자이고, 한자의 자의(字意)와 자형(字形) 사이는 일정한 관계를 가지고 있다. 또한 중국어는 많은 형성자가 존재하고 있는데, 형성자의 성부와 의부가 나누어지는 것은 이 한자의 소리·뜻이 서로 관련이 있다. 한자의 세 가지 요소 사이의 관계는 한자를 해석하는 기본 바탕이다. 한자를 해석하는 목적은 학생이 배우는 한자를 이해하고 기억하기 위해서이다. 해석은 한자의 특징과 규칙을 이용하여 요점을 파악하도록 노력하고, 쉽게 이해하도록 간결해야 한다. 아래에 몇 가지 한자 해석 방법을 소개한다.

1) 형태 분석

자형을 근거로 한자에 대해 해석을 한다. 한자는 상형문자로부터 발전하여 온 것으로 한자 자형에는 현재 일부의 상형적인 특징이 있다. 그래서 한자는 종종 형태를 보고 뜻을 알 수 있다. 자형으로부터 시작하여 해석하는 한자와 표시하는 뜻 사이의 관계는 학생이 한자를 기억하고 의미를 파악할 수 있는 장점이 있다. 한자 자형에 대해서 아래 몇 가지 방면으로 분석하면 다음과 같다.

■ 상형에 근거해 한자 해석하기

한자 자형에 근거하여 독체자(独体字)에 대해 해석을 한다. 예를 들면 '山 ,日, 大, 人' 등 한자를 가르칠 때, 이 한자들의 자형을 그려낼 수 있고 한자 옆에 자형의 근원을 그리며 뜻을 해석한다.

山 – 높고 낮은 산봉우리의 형태와 같아, 산의 의미를 나타낸다.

日 – 태양의 형태와 같고, 한자는 네모난 글자이기 때문에 방형으로 쓰였다.

大 – 한 사람이 정면으로 서서 두 팔을 벌린 형태로, 사람들은 두 팔을 수평으로 뻗어 힘껏 벌린 것을 매우 크다고 여겨서 이 형상으로 '크다'의 뜻을 대표한다.

人 – 이는 한 사람이 옆으로 서 있는 모습이다. 하나의 개괄적인 사람의 형상을 사용하여 전체적인 사람을 나타낸다.

■ 회의에 근거해 한자 풀기

한자 자형의 특징에 근거하여 합체(合体)된 한자에 대해 해석을 한다. 예를 들면 '休, 酒, 林' 등의 한자를 설명할 때, 교사는 다음과 같이 묘사할 수 있다.

休 – 자형은 한 사람이 나무 옆에 기댄 것을 나타낸다. 사람이 나무 아래에서 쉬고 있는 휴식의 뜻을 나타낸다.

酒 – 왼쪽은 물과 같은 일종의 액체를 나타낸다. 오른쪽은 고대에 유행한 술단지 모양을 그린 것이다.

林 – 두 그루 나무가 나란히 함께 정렬하여 매우 많은 나무를 나타낸다. 林을 사용하여 나무가 많은 숲을 의미한다.

2) 음운 분석

형성자의 성부에 표음(表音)을 나타내는 특징이 있다는 것을 설명하며 한자에 대해서 해석을 한다. 한자는 비록 표의(表意)문자이지만, 한자에는 80% 이상의 형성자가 존재하고 있기 때문에 형성자의 성부에서 소리를 찾을 수 있다. 예를 들면 학생이 方向의 方, 青年의 青을 이미 학습했고, 새로운 글자 芳, 房, 访, 清, 晴, 请 등의 한자를 가르칠 때, 학생이 이 글자들 사이 소리의 관계를 주의하도록 지도해야 한다. 교사는 다음과 같이 설명할 수 있다.

> '芳, 房, 访'은 모두 형성자이고, '方'은 대표음(세 글자의 병음을 칠판에 판서)이며, 다른 부분은 뜻을 표시한다.
> '清, 晴, 请'도 형성자이며 음도 모두 qing이고, 단지 성조만 다르다. 清은 qīng으로 읽으며, 의부에 물(氵)이 있어 의미는 '물이 매우 깨끗하다'이다. 晴은 qíng으로 읽으며, 태양의 의미가 있다. 请(qǐng)자에는 言자 변이 있어, 말로써 다른 사람에게 일을 하도록 부탁하는 것을 나타낸다.

성방(声旁)에 의해 음을 분석하는 것은 학생들이 하나를 보고 열을 알 수 있고, 한자 어음에 대한 인상을 더 깊게 할 수 있다. 그러나 현재 형성자의 표음부분과 자음 자체가 결코 완전하게 대응되지는 않는다. 어떤 자음(字音)은 성방(声旁)과 서로 같고, 어떤 것은 부분적으로 서로 같다. 즉 성(声)·운(韵)·조(调)에서 한 부분 혹은 두 부분이 서로 같으며, 어떤 것은 오히려 차이가 매우 크다. 학생에게 설명할 때는 위의 여러 가지 상황을 구분하여 설명해야 한다.

3) 의미 분석

한자 표의의 특징에 근거하여 한자에 대한 설명을 한다. 자주 지도하는 방법은 다음과 같다.

■ **그림의 뜻 해석하기**

그림을 이용해 자의를 명시하여 한자를 설명하는 것이다. 예를 들면 '美'자를 설명할 때 교사는 한 장의 그림을 준비한다. 한 사람이 머리에 깃털을 꽂고 덩실덩실 춤을 추는 것을 그림으로 담아내어, 옛 사람은 이것을 예쁘다고 여겨 이후에 美자로 발전되었다고 설명한다.

그림에 의해 뜻을 설명하면 직관적이고 분명하여 학생들의 흥미를 증가시킬 수 있다.

■ **자원(字源)에 근거해 한자 해석하기**

한자의 자원에 근거하여 한자를 설명한다. '册'자를 예로 들면 교사는, 고대 사람들은 글자를 죽간 위에 쓴 후, 줄로 모두 꿰어서 책을 만들었다고 설명할 수 있다. 한자 자형의 발전을 그리며 설명한다. 후에는 그것을 사용하여 서적의 양사로 쓰이기도 한다.

■ **구조에 근거해 뜻 해석하기**

한자를 구성하고 있는 각 부분의 뜻에 근거하여 한자를 설명한다. 한자 조자법의 회의(会意)나 지사자(指事字)는 몇 개 부분 사이의 관계로부터 이 한자의 의미를 설명할 수 있다. '信'을 예로 들면 信은 사람의 말이다. 그래서 서신의 뜻으로 사용할 수 있고, 사람이 말을 한 것은 책임을 져야 하기 때문에 '믿다, 신용' 등의 뜻도 있다. 또, '采'자를 예로 들면 위에는 손 하나, 아래는 한 그루의 열매를 맺고 있는 나무이다. 손으로 열매를 '따다'라는 의미이다.

■ 형방(形旁)에 근거해 뜻 해석하기

한자의 형방이 뜻을 나타내는 특징에 근거하여 한자에 대한 설명을 한다. 한자의 형방은 표의기능을 가지고 있어 대부분은 한 가지 사물의 대표이다. 서로 같은 형방을 가지고 있는 한자는 뜻이 유사한 속성이 있다. 이런 성질에 근거하여 편방(偏旁) 의부에 대한 분석을 통해 학생들이 자의를 이해하고, 동시에 자형을 인식하여 한자 구조에 대한 관념을 증강시킬 수 있다. 예를 들면 '海'자를 가르칠 때, 이 글자 왼쪽은 '氵'이고, 한자 '水'로부터 변화 발전하여 온 것으로 형방이다. 모든 '氵'를 가지고 있는 것은 대부분 물과 관계있다고 설명할 수 있다. 이 때 학생들이 이전에 학습한 삼수변이 있는 한자를 기억하게 할 수 있다. 이렇게 하면 학생은 江, 河, 湖, 浪 등 매우 많은 한자를 연계하여 '氵'의 의미를 기억할 수 있다.

4) 유추하여 한자 해석하기

습득한 한자를 근거로 유추하여 한자를 해석하는 것을 가리킨다. 다음은 유추하여 글자를 해석하는 방법들이다.

■ 자음(字音) 유추하기

습득한 한자에 근거하여 새로운 한자의 자음을 유추해 낸다. 예를 들면 '晴'자를 학습할 때 교사는 먼저 학생에게 '너희들은 이 글자를 어떻게 읽을 지 생각해 보라'고 말한다. 학생들은 '青, 清' 등의 글자를 배웠기 때문에, 晴자의 성운모는 대개 qing으로 매우 쉽게 유추할 수 있다. 이 때 교사가 정확한 성조를 학생에게 알려주면 된다.

■ 자형(字形) 유추하기

습득 한자에 근거하여 새로운 한자의 자형을 유추한다. 자음 유추하기처럼 한자의 규칙을 이용하여, 학생들이 이미 알고 있는 한자로부터 새로운 한자를 추측하게 한다. 예를 들면 上을 배웠으면, 교사는 上자를 판서하고, 손가락으로 위쪽을 가리킨다. 그런 후에 손가락으로 아래를 가리키고, 학생에게 'xià'(아래방향)의 자형이 어떠한지 추측하게 한다. 당연히 자형 유추하기는 학생들이 습득한 한자를 근거로 교사가 사전에 충분한 설명해 주어야 한다.

■ 자의(字意) 유추하기

습득한 한자에 근거하여 새로운 한자의 자의를 유추한다. 자의 유추하기는 유추법 중 가장 자주 사용되는 한 종류이다. 한자는 표의 문자이기 때문에 자형으로부터 뜻을 추측하여 알 수 있고, 자음·자형을 유추하는 것과 비교하여 타당하다. 자의를 유추하는 것은 편방(偏旁)의 의부(义符)로부터 시작할 수도 있고, 한자 부수의 구성으로부터 생각할 수도 있다. 예를 들면 木이 나무의 의미라고 안다면, 두 개의 木으로 구성된 林이 무엇을 표시하는지도 추측하기에 어렵지 않다. 또한 木이 3개인 森자의 뜻을 추론해 내는 것도 어렵지 않다.

5) 속자의 자원(俗字源)으로 뜻 해석하기

한자를 구성하는 각 부분이 표시하는 의미나 그 자형특징을 이용하여 한자의 의미를 해석한다. 속자의 자원은 당연히 한자의 본래 자원이 아니다. 그러나 그것은 통속적이고 이해하기 쉬우며, 이야기하는 것이 미묘한 운치가 있다. 예를 들면 학생에게 宿舍의 의미를 '宿舍는 매우 많은 사람이 사는 곳'이라고 설명하고, 갓머리 변은 방이고, 안에는 살고 있는 '百'명의 '人'이라고 설명한다면 학생들은 쉽게 기억할 수 있다. 다시 몇 가지 예를 들어보면 다음과 같다.

安 – 여인이 방 안에 있으니, 자연히 안전하고 평안하다.
众 – 사람이 사람을 밀치고, 사람이 사람에게 기대있고, 사람 위에도 사람이 있으니, 매우 많은 사람이 있어, 곧 무리(众)이다.
好 – 아내가 있고(女), 아이가 있으니(子), 정말 좋다(好).
灭 – 불 위에 뚜껑을 덮었으니, 당연히 불이 꺼진다.
买, 卖 – 물건이 없으면 사러가야 하고(买), 물건이 있어야(+), 비로소 팔 수 있다(卖).

속자의 자원을 이용한 설명은 일반적으로 학생들이 어느 정도 중국어 지식을 갖추고 있어야 한다. 그래야 학생들이 이해하는데 어려움이 없고 만족스러운 효과를 얻을 수 있다. 가능하다면 학생들이 그들 스스로의 상상에 근거하여 한자를 통속적으로 해석하도록 하여 한자에 대한 이해와 학습 흥미를 유도할 수 있다. 또한 학생들의 구어능력을 향상시킬 수 있고, 교실의 학습 분위기를 활기차게 만들 수 있다. 그러나 이는 일종의 기억을 보조하는 방법이므로 남용해서는 안 된다.

6. 한자를 연습하는 방법

한자 연습은 학생들이 정확하게 분별하여 읽고 쓰며, 융통성 있게 한자를 활용하는 여러 가지 형식의 연습을 말한다. 한자 연습은 중국어 교실 수업에서 중요한 활동의 하나이다. 특히 처음 중국어를 배우는 단계에서 교사가 교실에서 정확하게 지도하는 연습이다. 한자 연습은 학생이 한자 학습 규칙을 파악하고, 쓰기 습관을 형성하는데 중요한 의미를 가지고 있다. 다음은 자주 쓰이는 한자 연습 방법이다.

1) 분별하여 읽는 연습

학생들이 한자나 한자로 쓰인 서면자료를 분별하여 읽게 한다. 이는 학생이 한자의 음·형·의 세 가지 관계에 대해 인식하고 한자를 분별하여 낭독하는 연습이다. 분별하여 읽는 연습은 그냥 읽는 연습과 완전히 다르다. 읽는 연습은 학생이 시각을 통하여 정보를 접하고 글의 뜻을 이해한다. 그러나 한자를 분별하여 읽는 연습은 학생이 한자의 형·음·의 세 가지 관계에 대한 인식을 강화하고, 일반적으로 자주 낭독하는 형식으로 분별하여 읽은 결과를 확인할 수 있다.

■ 카드로 분별하여 읽기

한자를 쓴 카드를 이용하여 분별하여 읽는 연습을 한다. 수업 시간에 교사는 한자가 쓰여져 있는 카드를 한 장씩 꺼내 보이고, 동시에 학생이 자음(字音)을 읽도록 한다. 카드는 작고 보여주기 쉬워서 '분별하여 읽는 연습'을 하는 효과가 매우 좋다.

■ 종합적으로 분별하여 읽기

중국어의 단어, 구, 또는 단문 등에 대해 분별하여 읽는 연습이다.

■ 분별하여 읽는 자료를 제시하는 방식

수업할 때 직접 칠판 위에 쓸 수 있고, 또 수업 전에 작은 칠판에 써놓아 수업할 때 걸어 놓을 수도 있고, 영사기를 사용하여 보여주거나, 복사물을 나눠 줄 수도 있다. 이러한 방법을 이용해 이미 배운 한자를 자주 출현시켜 학생이 여러 번 중복하는 과정에 기억을 강화하할 수 있다.

■ 분별하여 읽는 연습의 방법

학생에게 낭독하고 자료를 분별하여 읽게 한다. 자료는 학생이 대답하도록 질문을 하고 학생은 자료에 대해 질문을 하게 한다. 학생에게 자료의 내용을 다시 진술하게 하고 분별하여 읽도록 한다.

2) 분석하여 쓰기 연습

학생들이 한자의 필획, 부수, 필순, 한자의 구조 등을 정확하게 분별하여 한자를 쓰는 연습이다. 한자는 음성 언어의 문자 형식과 다른 특유의 쓰기 규칙이 있다. 그래서 한자 쓰기는 중국어 학습에서 어려운 부분의 하나이다. 분석하여 쓰기는 한자를 어떻게 써나가는지, 어떻게 맞게 쓰는지, 어떻게 해야 한자를 잘 쓸 수 있는지 학생에게 가르쳐 주는 연습이다. 분석하여 쓰기 연습은 주로 필획을 분석하여 쓰기, 필순을 분석하여 쓰기 및 구조를 분석하여 쓰기 등 몇 가지 순서로 나누어 연습할 수 있다.

■ 필획 분석하여 쓰기

한자의 기본 필획을 분석하여 쓰기 방법을 연습한다. 필획을 분석하여 쓰는 구체적 방법은 가르치는 한자와 결부시켜서 그 필획구성을 분석하는 것이다. 교사는 한자를 칠판에 쓰고 한자 옆에 이 한자가 포함하는 필획을 쓴다. 또한 교사는 필획의 명칭을 쓰면서 읽어주어, 학생이 필획 명칭에 대해서도 이해하도록 한다. 필획 명칭을 말하며 설명하는 방법은 다음과 같다. 먼저 학생에게 한자를 제시하고, 이 한자가 포함하는 필획을 말하게 한다. 예를 들면 학생에게 '文, 化'자의 필획을 가리키면서 文은 4획이고, 점, 가로(횡), 왼쪽 삐침(별), 오른쪽 삐침(날)이다. 化는 4획이고, 왼쪽 삐침(별), 뚫을 곤(수), 왼쪽 삐침(별), 세로로 곧게 내리다 갈고리 모양이다라고 말해 준다.

■ 동일한 필획을 가진 한자 쓰기

한 종류의 필획을 제시하고, 학생이 이 필획이 있는 한자를 쓰도록 한다. 교사는 점을 가진 다섯 개의 한자를 쓰도록 요구한다. 학생은 곧 字, 汉, 语, 学, 热 등의 한자를 쓴다. 또 가능하면 '뚫을 곤(竖)'을 지닌 한자를 쓰도록 요구한다. 학생은 곧 中, 上, 下, 所, 化, 有, 生 등의 한자를 쓴다.

■ 필획 세기

하나의 한자를 주고 학생이 이 한자의 필획수를 계산하게 한다. 이 연습은 학생이 필획에 대한 인식을 연습할 수 있게 한다. 예를 들면 학생에게 필획수의 많고 적음에 따라 "天, 真, 这, 台"자를 배열하게 하면,

학생은 "天, 台, 这, 真"의 순서로 배열한다.

■ 필순 분석하여 쓰기

학생이 한자를 정확하게 쓰기 순서에 따라하는 연습이다. 필순을 분석하여 쓰기 연습은 다음과 같은 방법이 있다. 한자 필획 옆에 앞뒤 순서를 표시하여 기재하면, 학생의 한자 필순에 대해 이해할 수 있다. 예를 들면 학생에게 '文化' 두 자의 필순을 나타내도록 요구하고 학생은 표시한다.

■ 필획 써 보이기

이 연습은 米자 종이(한자 연습장)에 진행하기 적합하다. 예를 들면 학생에게 순서에 따라 文化 두자를 쓰도록 요구하고, 학생은 곧 순서에 따라 쓴다.

■ 화살표를 사용해 운필(运笔)방향 표시하기

필순은 필획 순서를 포괄하고 또 필획의 운필 방향을 포괄하니, 이로 인해 '필순 분석하여 쓰기'는 운필 방향의 연습을 포괄해야 한다. 예를 들면 학생에게 文化 두 자의 운필 방향을 쓰도록 요구하고 학생은 규정에 따라 쓴다.

■ 결구 분석하여 쓰기

학생들이 한자 각 부분 간의 결구 관계를 장악하도록 하게 하기 위해 진행하는 연습이다. 한자의 결구 관계가 가리키는 것은 한자를 조성하는 각 부분 간의 상하 위치, 대소 비례 및 필획 구조의 밀도 등의 관계이다. 하나의 한자를 쓴 정확성 여부는 단지 부분의 구성으로만 결정되지는 않지만 구성이 어떤지도 매우 중요하다. 같은 부분이고 결구가 다른 것은 다른 한자를 만들 수 있다. 예를 들면 口와 力는 另 자를 만들 수 있으나, 두 개를 가로로 나열하면 加 자도 만들 수 있다. 한자는 형체 구조상으로 독체(独体)와 합체(合体) 두 종류로 나눌 수 있다. 일반적으로 말하면, 독체자는 결구상에 각 필획의 장단(长短), 평사(平斜) 및 어떻게 교차하는지 등의 문제를 주의해야하고, 틀리기 쉬운 글자의 틀리기 쉬운 부분, 각 필획 간의 결구 관계를 집중 연습해야 한다. 그러나 합체자는 각 부분 간의 크기 및 위치 관계를 강조해야한다.

아래는 결구 분석하여 쓰기의 연습 방식이다.

■ **획자(画字) 결구도**

하나의 한자를 주고 학생들이 한자의 결구구조를 분석하게 하고, 아울러 결구도를 그리게 한다. 이 연습은 학생의 한자 결구방식에 대한 인식을 훈련할 수 있다. 한자를 몇 개 부분으로 나누는 것은 더 좋은 기억과 쓰기에 유리하다. 예를 들면 학생에게 语, 天, 是, 树 등의 한자 결구도를 나누라고 한다면, 학생은 각 부분 쓰기의 순서 및 상호 관계에 따라 아래같이 분석하여 낸다.

■ **구조에 따라 분류하기**

교사가 한자를 주고 학생이 한자의 구조 방식에 따라 서로 같은 구조의 한자를 함께 모으도록 한다. 예를 들면 학생에게 字, 是, 汉, 给, 作, 写 등의 한자를 구조에 따라 분류하도록 한다. 이 연습은 학생들이 구체적인 한자의 자형 구조에 내포한 공통성을 인식하게 할 수 있다.

3) 부수 연습

합체 한자는 두 개 혹은 두 개 이상의 부분으로 구성된 것이다. 합체자를 구성하는 각 부분을 우리는 부건이라 칭한다. 부건으로 구성된 한자의 특징을 이용하여 한자의 구조에 대한 분석과 종합 연습을 하고 학생이 더 잘 한자를 습득하도록 도울 수 있다.

■ 부수 분석하기

한 개 혹은 한 무리의 글자를 주어, 학생으로 하여금 부건을 찾게 한다. 学汉语 세 글자를 예로 들면 학생은 '⺍, 冖, 子, 氵, 又, 讠, 五, 口' 등의 부건으로 찾아 나눌 수 있다.

■ 같은 부수 찾기

한 무리의 글자 중에서 서로 같은 부건을 찾는 것은 학생이 한자를 분석, 종합하는 능력을 연습하여 한자를 기억하는 연습이다. 동일한 부건과 동류의 부건으로 찾는 두 종류로 나눌 수 있다. 한 그룹의 글자 중에서 하나의 같은 부건을 찾는다. 예를 들면 '学, 字, 觉, 堂' 등의 글자 중에서, 学, 觉 두 자만 서로 같은 부분을 가지고 있다. 字, 堂 두 자의 상반부는 비록 그것과 서로 비슷하지만 같지는 않다. 이러한 연습은 학생의 관찰 능력을 증가시킬 수 있다. 동류 부건 찾기를 한 그룹의 글자 중에서 다른 부건에 따라 한자를 분류한다. 예를 들면 학생에게 讨, 汉, 请, 对, 时, 晴, 清' 등의 한자를 주고, 학생으로 하여금 가리키게 한다.

讠, 讨, 请

寸, 讨, 对

氵, 汉, 清

又, 汉, 对

青, 请, 晴, 清

日, 时, 晴

■ 부건를 주고 한자 쓰기

부건을 주고 학생들이 이 부건을 포함하고 있는 한자를 쓰게 하는 것이 하나의 매우 좋은 연습 방법이다. 이는 학생들이 한자의 구조를 익숙하게 할 수 있는 방법이며, 복습 때 사용하면 효과가 더욱 좋다. 교사는 학생이 이미 습득하고 있는 한자 수준에 근거하여 진행할 수 있다.

이 연습은 아래의 몇 가지 형식을 채용할 수 있다.

부수를 첨가하여 한 글자(单字) 쓰기

교사가 方, 京, 可를 제시하면 학생은 별도로 부건을 첨가하여 새로운 한자를 조성하여 나눌 수 있는데, 房, 就, 奇 등이다.

부수를 첨가하여 몇 개의 글자 쓰기

학생에게 方, 可, 氵 등의 부건을 주고, 학생들이 학습한 한자에 근거하여 가능한 한 많이, 상술한 부건을 포함하는 한자를 쓰게 한다. 예를 들면

方 → 放, 芳, 房, 访

可 → 河, 奇, 哥

氵 → 汉, 河, 江, 海, 湖, 沙

어음(语音)을 지정하여 한자 쓰기

하나의 부건을 주어 학생들이 다른 부건을 첨가하게 한 후에 어떤 한 독음의 한자가 되게 한다. 예를 들면

元 yuǎn 远

元 yuàn 院

元 wán 玩, 完

京 jǐng 景

京 jiù 就

京 liáng 凉

단어 환경(语境)을 주고 한자 쓰기

한 단어를 주고 단어 중에 어떤 글자는 부건에 의지해서 글자를 써야 한다.

예를 들면 ⼀ _ (⺍) 习 → 学习

知 _ (⻍) → 知道

电 _ (礻) → 电视

自 _ (彳) 车 → 自行车

이 연습은 학생에게 한자의 음·형·의 사이의 관계를 강화시키는데 의의가 있다. 그러나 교사는 연습을 설계하는 중에 제공하는 단어 환경의 유일성을 주의해야 한다.

■ 결구에 의거하여 한자 쓰기

이 연습은 학생에게 주어진 결구도에 따라 한자를 쓰도록 요구한다. 예를 들면 학생은 远, 完, 玩, 园 등의 한자를 분별하여 써야 한다. 이 연습이 어떤 때는 결구도를 동일 요소 상에서 그릴 수 있어, 몇 개의 다른 한자를 쓰도록 요구한다. 예를 들면 학생은 빈칸에 상응하는 부건을 채우는데, 주어진 부건 '京'과 분별하여 새로운 한자를 조성해야 한다.(凉, 景, 就)

■ 같은 부수를 포함하는 한자를 쓰고 발음 표시하기

이 연습 역시 학생에게 자음(字音)에 대한 이해를 훈련시킨다. 동음자에 대해 학생들이 어느 것이 부건과 음이 같은지, 어느 것이 음이 같고 형이 다른지, 어느 것이 형이 같고 음이 다른지를 이해하게 해야 한다. 예를 들면 학생에게 元, 京을 포함하고 있는 한자를 쓰고 발음을 표시하게 한다면 정확한 결과는 아래와 같다.

元: －－ 远 yuǎn 园 yuán 院 yuàn 完 wán 玩 wán

京: －－ 惊 jīng 景 jǐng 就 jiù 凉 liáng

이 연습은 학생으로 하여금 형·음·의 사이의 관계를 이해하게 할 수 있다.

4) 단어 조합(组词) 연습

학생이 주어진 한자를 사용하여 이 한자를 포함하는 단어로 확장하도록 훈련시킨다. 한자를 학습하는 목적이 단지 인식할 수 있고 쓸 수 있는 것만이 아니라, 중요한 것은 사용할 수 있어야 한다. 단어 조직하기는 학생이 한자를 사용하도록 훈련시키는 교실연습이다. 한자연습형식의 하나로 된 단어 조직은 어휘 연습과 다르다. 그것의 중점은 단어 조직을 통하여 이해하고, 한자를 응용하며 한자의 뜻과 용법을 파악하는 것이다. 이로 인하여 연습을 설계할 때 한자의 형 음 의의 특징을 고려해야 한다.

■ 동음자(同音字)를 사용하여 단어 조합하기

한 그룹의 음이 같고 형이 다른 한자를 제시하여 학생들이 단어를 조합하게 한다. 이 연습은 학생들이 한자의 형과 음이 완전하게 일치하지는 않는다는 특징을 이해하게 할 수 있고, 동시에 동음자 의미상의 차이를 이해하게 할 수 있다. 예를 들면 报, 抱, 包 한자를 사용하여 단어를 조직한다면, 학생은 报纸, 拥抱, 包裹 등의 단어를 쓸 수 있다.

■ 이혼자(易混字)를 사용하여 단어 조합하기

학생이 한자를 알아보고 쓸 때, 어떤 자형이 비슷한 한자는 종종 혼동하기 쉽고 틀리기 쉽다. 이러한 한자들을 함께 쓰면 비교를 강화하고 인상을 더 깊게 할 수 있고, 학생들이 이 한자들을 기억하고 분명히 할 수 있게 한다. 예를 들면 학생에게 아래 한자를 사용하여 단어를 조직하게 한다.

大, 天, 不, 大, 字, 学, 词, 同

학생은 단어 조직을 통하여 한자들의 뜻을 이해할 수 있고, 또 그것들 사이의 차이와 동일함을 파악할 수 있다.

■ 같은 부건 글자를 사용하여 단어 조합하기

매우 많은 한자가 단지 어느 한 부분이 달라서 다른 한자로 된다. 이 한자들을 동시에 학생에게 제시하여 학생들이 분별하여 단어를 조직하게 하는 것은 한자를 습득하도록 훈련하는 좋은 방법의 하나이다. 예를 들면 학생에게 아래 한자를 사용하여 단어를 조직하도록 요구한다.

情, 清, 请, 猜, 静

이 한자들은 모두 공동의 부건 '青'을 포함하고 있으나, 소리가 다르거나 혹은 같거나 뜻은 서로 상관하지 않는다. 이런 종류의 대비가 매우 강한 한 그룹의 글자들은 학생들이 한자 구조의 특징을 분명하게 이해하도록 할 수 있고, 더 깊이 이해하고 기억하게 할 수 있다.

■ 동류자(同类字)를 사용하여 단어 조합하기

위의 연습들은 대부분 한자의 구조, 자형, 자음의 각도에서 생각하였다. 그러나 이 연습은 한자의 의미로부터 시작한다. 동류 한자를 사용해 단어를 조직하여, 한 쪽으로는 한자의 글자 알기와 쓰기 능력을 연습하고, 다른 쪽으로는 중국어 어휘의 이해와 기억에 대해서도 매우 도움이 된다. 예를 들면 학생에게 아래의 몇 그룹의 글자들을 분별하여 단어를 조직하게 한다.

'跑, 跳, 踢', '穿, 戴 , 脱', '红, 白, 高, 快'

학생은 '跑步, 跳高, 踢球', '穿鞋, 戴帽, 脱衣服', '红花, 白纸, 高矮, 快车' 등의 단어로 조직할 수 있고, 한자를 잘 응용할 수 있다.

■ 한자를 주고 가능한 한 많은 단어를 조합하기

이 연습은 단지 수평적으로 한자의 형·음·의 몇 방면을 고려한 것뿐만 아니라, 수직적으로도 학생이 몇 몇 한자에 대해 전면적으로 파악하고 있는 상황을 시험할 수 있다. 예를 들면 학생에게 子, 生, 同 등의 한자를 사용해 가능한 한 많은 단어를 쓰도록 요구하면, 학생은 배웠던 한자 상황에 근거하여 쓸 수 있다.

'子女, 儿子, 椅子 ⋯⋯', '生活, 生命, 学生 ⋯⋯', '同学, 同志 ⋯⋯' 등.

5) 빈칸 채우기 연습

빈칸 채우기는 한 문장의 말이나 한 단락의 말 중에 부족한 한자를 채우는 것을 가리킨다. 단어 조직 연습과 같이 빈칸 채우기 연습도 한자를 응용하도록 학생을 훈련시키는 일종의 연습형식이다. 다른 연습에 삽입하여 사용하며 학생의 한자 쓰기와 어휘 기억 등 방면의 상황을 확인하는 작용을 할 수 있다.

■ 한자 지정하여 빈칸 채우기

한자를 제시하여 학생들이 위치를 선택하여 공백에 채우도록 한다. 이런 연습은 학생이 한자를 분별하고 기억하여 아는 것을 도울 수 있다. 연습할 때는 한자 특징에 근거하여 비교의 한자를 줄 수 있다. 음이 비슷하거나 형이 비슷하거나 의미가 서로 관련 있는 한자를 제시하여 학생들이 연습하게 한다. 예를 들면 정확한 글자를 선택하여 빈칸을 채우시오.

小明进了电影院, 找到了__位就__下了.(坐,座)

他__上大衣, __好帽子, 又__上了眼镜走出了门.(穿, 戴)

■ 스스로 한자를 선택하여 빈칸 채우기

한자를 제시하고 빈칸을 채우는 것은 학생에게 선택의 여지를 줄 수 있다. 만약 한자를 제시하지 않는다면 어떤 한자를 쓸지 결정하는 것은 모두 학생의 수준에 따라 결정된다. 이 방법은 앞의 것에 비해 약간 어려워 보인다. 예를 들면 아래의 빈칸에 적당한 한자를 채우시오.

早晨六点半, 小明来到__场.

他先跑了一会儿__, 然后__始__操.

他每天都来锻__.

빈칸 채우기는 한자 연습의 하나의 효과 있는 방법이다. 그것은 한자 쓰기를 확인할 수 있는 동시에 학생들의 한자를 알고 읽는 능력을 훈련시키는 방법이다. 먼저 문장의 뜻을 읽고 이해해야 하기 때문에 수준이 있는 학생은 비어있는 글자를 채울 수 있다. 그것은 한자 연습뿐만 아니라 어휘파악의 문제에도 중요하다.

6) 틀린 것 고치기 연습

틀린 한자를 지적하고 개정한다. 한자를 배우고 사용하는 것은 중국어 학습자에게 매우 어려워 학습 과정 중에 오자(틀린 글자, 다른 글자)가 출현하는 것을 피하기 어렵다. 틀린 것을 고치는 연습은 학생이 잘못 쓴 한자를 연습으로 오류를 교정하게 하여 정확한 한자를 습득하는 것이다. 틀린 것 고치기 연습은 학생의 상황에 맞추어 학생이 적게 틀리는 글자 연습은 최대한 피해야 한다. 일반적인 상황에서 틀린 것 고치기 연습은 반드시 교사가 학생의 숙제나 연습 중 출현하는 오류에 근거하여 스스로 선택한 후 학생에게 틀린 것을 교정하도록 출제한다. 이는 곧 교사가 수업과정 중에서 학생의 자주 보이는 오자를 유심히 관찰하고 수집해야한다. 이렇게 한다면 고치기 연습은 성과를 얻을 수 있다. 틀린 것 고치기 연습에서 주의해야 하는 것은 학생의 특징을 파악하여 문제점을 찾아 선택하고 바로 교정해주어야 한다. 틀린 것 고치기 연습은 아래 몇 가지 방면으로부터 진행할 수 있다.

■ 단일 한자 틀린 것 고치기

한자의 필획이나 결구의 오류를 교정한다. 고치기는 틀린 글자를 칠판에 써서 교정을 한다. 교사가 교정을 해 줄 수도 있고, 학생에게 칠판 앞으로 나와 교정하게 할 수도 있다. 예를 들면 학생에게 아래 틀린 글자를 고치게 한다면,

倞 (京), 否 (不), 防 (房)

먼저 이 글자들을 칠판 위에 판서한 후에 한 명의 학생을 나오게 하여, 상술한 글자가 어느 부분이 틀렸는지 동그라미를 그리고 정확한 한자를 쓰도록 한다. 학생에게 교정시키는 것은 인상을 더 깊게 할 수 있고, 동시에 그의 쓰기 과정을 관찰할 수도 있다. 틀린 것 고칠 때 색분필을 사용할 수 있는데, 이것은 비교를 더 강하게 하고 더욱 주의를 끈다.

■ 선택해서 틀린 것 고치기

오자(误字)와 정자(正字)를 함께 섞어 놓고, 학생에게 틀린 글자를 찾아 고치도록 한다. 예를 들면 아래 한 단락의 말 중 약간의 틀린 글자가 있으므로 학생에게 고치도록 한다.

下课以后, 戈(我)去丁力昀(的)仿(房)间我(找)他, 司(可)是他否(不)左(在)。

교사가 먼저 칠판에 이 문장을 쓴 후에 학생에게 문장 중 어느 글자가 잘못 쓰였는지 지적 하게 하고, 마지막에 다른 학생에게 칠판 앞으로 와서 고치게 한다.

■ 오자(別字) 고치기

別字가 가리키는 것은 한 개의 한자를 다른 한자로 틀리게 쓴 것이다. 이 한자 자체의 쓰기는 결코 틀리지 않았다. 別字의 출현은 종종 음이 같거나, 가깝거나, 형이 비슷하여 발생한다. 한자는 비록 틀리지 않았지만, 위치를 잘못 사용하였다. 예를 들면 학생에게 아래 단어 중 잘못 쓰인 글자를 고치도록 한다.

方间, 情楚, 公远(×) → 房间, 淸楚, 公园(○)

먼저 그것들을 칠판에 쓰고 난 후에 한 명의 학생에게 글자마다 병음을 쓰게 할 수 있다. 병음을 쓰면 다른 학생에게 틀린 글자가 있는 곳을 찾아 別字를 지적하고 정확한 한자를 칠판에 쓰게 할 수 있다. 다음에 교사는 학생들에게 別字의 자의(字意)를 이야기 하도록 할 수 있고, 또 학생들로 하여금 別字를 다른 정확한 단어로 쓰게 할 수도 있다. 위 세 개 단어 중 方, 情, 远은 別字이다. 그래서 교정 후 학생에게 이 세 글자를 단어로 쓰게 하면 인상을 더 깊게 하여 기억에 오래 남아 습득하기 쉽다.

■ 종합적으로 틀린 것 고치기

한 단락의 텍스트에 틀린 글자(错字)도 있고 다른 글자(别字)도 있다면, 학생에게 식별하게 하여 다시 교정한다. 예를 들면 아래 한 단락의 말은 이중(多重)의 잘못을 가지고 있다:

外面根(很)泠(冷), 尔(你)别忘了穿大衣, 带(戴)手套, 不然的语(话), 该咸(感)目(冒)了。

먼저 학생이 틀린 장소를 찾도록 이끈다. 한 명의 학생에게 고치게 하는 것과 같은 것을 제외하고 전체 학생들에게 연습시킬 수 있다. 예를 들면 먼저 학생에게 2분 동안 보게 하고, 스스로 오자(错别字)를 기억하여 고치게 한 후에, 교사는 돌아가면서 학생에게 오자(错别字)를 발하도록 한다. 각각 학생들이 모두 틀린 것을 고치게 할 수 있다. 오자(错别字)는 학생이 중국어를 학습하는 과정 중 하나의 매우 큰 문제이다. 반드시 자주 유사한 연습을 하고 교정을 해야 한다. 그러나 또한 너무 자주 중복해서는 안 된다.

7) 듣고 쓰기 연습

학생은 들리는 단어, 문장, 혹은 단문을 한자를 사용해 써내려간다. 듣고 쓰기는 한자 수업 중 매우 중요한 연습형식이다. 그것은 한자를 아는 초기부터 적용하여 학생이 자음(字音)을 듣고 한자를 연상하도록 하는 훈련이다. 한자를 듣고 쓰기에는 많은 방식이 있는데, 한 글자를 듣고 쓸 수 있고, 단어, 문장, 혹은 단락을 이루는 장.절을 듣고 쓸 수도 있다. 초기에는 학생에게 한자 옆에 한어병음을 달게 할 수 있는데, 학생의 어음에 대한 파악 상황을 이해하기 위해서이다. 듣고 쓰기는 이미 배웠던 한자를 확인하는데 활용할 수 있고, 예습한 내용을 검사활용할 수도 있다. 예를 들면 '我吃饭了'와 '一把椅子'가 이미 아는 한자이면, 把자 구문을 가르치거나, 아직 문법을 배우기 전에 '我把饭吃了'이 문장을 듣고 쓸 수 있다. 이 문장의 한자는 모두 배운 것이어서 학생은 매우 쉽게 쓴다. 이렇게 하면 하나의 새로운 문법 부분을 설명하기 쉽다.

듣고 쓸 때 교사는 말 속도에 주의해야 한다. 너무 빠르면 학생이 반응하기 어렵고 연습 효과에도 영향이 있다. 너무 느리면 지나치게 쉽고 훈련의 의미를 잃게 된다. 이로 인하여 교사는 자기의 말 속도를 제어하는데 주의하여 느린 것으로부터 빠른 것까지 점차적으로 심화시켜 학생을 점점 정상적으로 듣고 쓰기 속도에 적응하도록 이끈다. 일반적 상황에서 기초단계의 학생은 듣고 쓰기 속도가 분당 15~17개 글자가 적당하다. 교사는 이 표준에 근거하여 연습 속도를 조정해야 한다. 듣고 쓰기는 한자를 연습하는 방법으로 학생에게 글자의 형·음·의에 대한 기억을 종합적으로 훈련시킬 수 있다. 교사는 수업 중에 듣고 쓰기 연습을 지속하여 진행하는데 주의해야 한다. 많이 쓰고 많이 연습해야만 학생에게 한자에 대한 인식을 더 깊게 할 수 있다.

7. 자전 찾기 연습

자전·사전 사용하는 것을 배움은 중국어 학습의 중요한 부분이다. 중국어의 자전·사전은 병음문자의 사전과 다르다. 이는 처음 중국어를 배우는 대부분 학생에게 더욱 어렵다. 한자의 검자법(檢字法)은 자형검자와 자음검자 두 종류를 포괄한다. 병음문자를 사용하는 사람은 자음검자를 따르면 어려움이 크지 않고, 자형검자를 따르면 비교적 많은 어려움이 있다. 자형검자에 따른 연습 방법을 강조하여 소개할 필요가 있다.

자형검자를 따르는 것은 주로 부수검자법과 필획검자법이 있다. 이 두 종류의 방법은 비록 다르지만, 모두 반드시 한자의 필획·필순 및 부수에 대해 명확한 이해가 있어야 한다.

부수 분석

한 글자의 부수를 확정한다. 다음에 제시하는 연습 형식은 학생이 부수를 익히고 훈련하는 방법에 사용할 수 있다.

- 자주 사용하는 부수 연습하기

예를 들면 학생이 가능한 한 많이 쓰고 자주 보는 부수(예 '木, 水, 言, 手, 口' 등)를 학습한다. 이 부분 부수는 가장 자주 사용하며, 글자를 구성하는 능력도 가장 강하여, 이 부수들을 습득하면 자전에서 상당 수량의 한자를 찾을 수 있다.

- 부수 분석 연습하기

한자의 합체자는 두 개 혹은 두 개 이상의 부분으로 구성되어, 합체자를 조성하는 각 부건중에서 일반적으로 어떤 하나는 부수이다. 때문에 학생이 한자를 나누고, 부수를 찾을 수 있도록 인도해야 한다.

■ 난검자표(难检字表) 사용 연습하기

한자 중에서 한 부분인 독체자와 비록 합체자이나 부수를 확정하기 어려운 자가 있다. 이 글자들은 일반적으로 자전에서 난검자표 안에 포함시켜 필획이 얼마인지에 따라서 단독 배열하고 학생에게 교육해야 한다.

■ 분별하기 어려운 부수 확정하는 연습하기

어떤 글자의 부수는 비교적 확정하기 어렵다. 연습을 해야 하고 특별히 학생에게 규칙을 설명해 주어야 한다. 예를 들면 중좌(中坐)로 부수를 삼는다

中 部首 丨

夫 部首 大

冊 部首 一

기필(起笔)로 부수를 삼는다

才 部首 一

习 部首 乙

为 部首 丶

위에는 학생이 부수를 분석하도록 지도하는 방법을 소개했다. 교사는 단어들을 많이 준비하고 학생들이 수업이나 수업 후에 반복 연습하게 하여 점차 부수의 분석 방법을 교육해야 한다.

■ 필획 세는 연습

한자 한 개의 필획을 센다. 필획을 세는 기본상에는 무슨 문제가 있을 수 없으므로 교사는 그리 많은 연습을 할 필요가 없다. 단지 쉽게 틀리는 필획의 계산을 깨우치고 주의시킨다. 예를 들면

养 9笔 / 巨 4笔 / 印 5笔 / 远 7笔 / 防 6笔

■ 기필(起笔) 식별

한자 한 개의 기필을 확정한다. 한자는 위로부터 아래로, 왼쪽부터 오른쪽으로 쓴다. 때문에 기필은 일반적으로 늘 왼쪽 위 모서리의 위치에 정해져 있다. 이 점은 학생들이 파악할 수 있으나, 어떤 한자들은 여전히 그리 쉽게 기필을 구분할 수가 없다. 교사는 교육할 때에 이 한자들의 기필 규칙을 가리켜야 한다. 예를 들면

学 起笔 丶
堂 起笔 丨
远 起笔 一
起 起笔 一
同 起笔 丨
医 起笔 一

■ 새로운 글자 찾기

학생에게 자전 찾는 방법을 교육 후에 학생에게 글자를 주고 학생들이 습득한 방법에 따라 찾게 한다. 자전 찾기는 실천성이 매우 강한 수업 내용이지만, 단지 학생에게 어떻게 찾는지 만을 가르치는 것은 충분하지 않다. 학생이 자전을 사용하도록 하여 학습 중에 교육하며 자전을 응용하는 연습을 반드시 진행해야 한다. 학생이 전체적으로 이

해하기 위해서는 많은 방법을 활용할 수 있다. 새로운 글자를 주거나 부수 검자법·필획 검자법을 활용하여 글자의 뜻을 찾거나, 병음과 자의를 주고 한자 쓰는 방법 등을 연습해야 한다.

참고문헌

강성조(2020), 중국어교과교육론-이론과 실제-, 신아사.

백종인 외(2014), 중국어 교육의 이해, 신아사.

김영민 외(2015), 중국어교수법연구, 박이정.

김병원(1987), 말과 글의 특성과 언어 교육과정의 구성, 교육과정연구회.

정길정, 연주흠 편저(1996), 외국어 읽기 지도의 이론과 실제, 한국문화사.

맹주억(1985), 중국어 발음교육에 관한 연구, 중국학연구 제2집, 23-48.

박효정(1982), 교사의 인지양식과 질문행동과의 관계연구, 숙대 석사논문.

엄익상 외(2008), 중국어교육론, 한국문화사.

이미혜(2002), 21세기 한국어교육학의 현황과 과제, 한국문화사.

오길용(2022), 중국어학입문, 신아사.

오길용(2022), 중국의 이해, 신아사.

오길용(2022), 현대중국어문법, 신아사.

오길용(2017), 중국어문형, 신아사.

장한업(1989), 외국어-불어 교육학 개론, 도서출판 하우.

정정섭(1982), 외국어교육의 기초와 실천, 서울:동원출판사.

제정한(1984), 듣기-말하기 능력 신장을 위한 교수모형 연구, 부산대 석사논문.

왕옥지, 중국어 발음교육 방법 연구, 중국인문과학.

박덕준(2000), 조선대학교 중어중문 연합학술대회 발표요지문.

김현진(2003), 국제한국어교육학회 제 13차 국제학술대회 발표요지문.

김중섭(2002), 한국어 교육 제13권 1호, 국제한국어교육학회.

한국언어문화학(2004, 2009, 2010), 국제한국어문화학회.

남기심(1999), 언어의 사회.문화적 기능, 한국방송대학교 출판부.

한국방송통신대학교 평생교육원 편(2005), 외국어로서의 한국어교육학, 방통대출판부.

崔永华, 杨寄洲(1997), 对外汉语课堂教学技巧, 北京语言文化大学出版社.

刘珣(2000), 对外汉语教学引论, 北京语言学院出版社.

胡文华(2008), 汉字与对外汉字教学, 学林出版社.

周健(2007), 汉字教学理論与方法, 北京大学出版社.

盛炎(1990), 语言教学原理, 重庆出版社.

程鎭球(1980), 翻译问题探索, 北京.商务印书馆.

佟慧君(1986), 外国人学汉语病句分析, 北京语言学院出版社.

房玉清(1992), 实用汉语语法, 北京语言学院出版社.
郭锦桴(1990), 听力構成和听力教学的構想, 中国对外(1990), 226-236.
国家对外汉语教学领导小组汉语水平考试部编(1990), 汉语水平考试大纲, 现代出版社.
李明·白雪林 等编(1990), 中级汉语听和说, 北京语言学院出版社.
李明·石佩雯 编著(1986), 汉语普通话语音辨正, 北京语言学院出版社.
Light, Timothy(1987), 现代外语教学法-理论与实践, 北京语言学院出版社.
劉德联, 高明明(1990), 趣味汉语, 北京大学出版社.
刘英林(1989), 汉语水平考试研究, 北京:现代出版社.
吕必松(1990), 对外汉语教学发展概要, 北京语言学院出版社.
鲁宝元(1984), 对外汉语教学中的快速閲读训练, 中国对外汉语教学学会 编(1990).
肖君石(1982), 汉英.英汉翻译初探, 北京:商务印书馆.
杨贺松(1991), 中国家常, 北京大学出版社.
邢公畹(1981), 怎样学好汉语, 语言教学与研究 1981. 2期, 对外汉语教学論集(1979-1984).
许树安 等(1987), 中国文化知识, 北京语言学院出版社.
许树安 等(1990), 中国文化知识(续编), 北京语言学院出版社.
《语言教学与研究》编辑部编(1985), 对外汉语教学論集(1979-1984), 北京语言学院出版社.
张亚军(1990), 对外汉语教法学, 北京:现代出版社.
赵宝荣 等 编(1987), 应用文写作方法, 北京理工大学出版社.
高桥均(1976), 中国语解析の基础, 大修馆书店.
井坂孝雄 编著(1986), 中国语放送闻き取り实践教室, 东京:金星堂.
杨立明 等(1986), 中国文化基础知识, 东京:东方书店.

Anderson, A., & Lynch, T.(1988), Listening. Oxford: Oxford University Press.
Brown, G. & Yule, G.(1994), Teaching the Spoken Language, Cambridge University Press.
Brown, H. D.(1994), Teaching by Principles, Englewood Clifs, NJ: Prentice-Hall.
Littlewood, W.(1981), Communicative Language Teaching, Cambridge University Press.
Morley, J.(1991), Listening Comprehension in Second/Foreign Language Instruction, In Celce-Murci, M.(Ed.), Teaching English as a Second orForeign Language(2nd ed.), Boston: Newbury House.
Richards, J. C.(1983), Listening Comprehension: Approach, Design, Procedure, TESOL QUARTERLY, 17(2), 219-241.
Rings, L.(1986), Authentic language and authentic conversational texts, Foreign Language Annals, 19, 203-208.

Rost, M.(1990), Listening in Language Learning, London and New York: Longman. Cambridge University Press.

Underwood, M.(1989), Teaching Listening, London: Longman.

Ur, P.(1984), Teaching Listening Comprehension, Cambridge: Cambridge University Press.

Krashen, S & T.Terrel(1983), The Natural Approach:Language Acquisition in the Classroom, Oxford:Pergamon and Alemany. (박경자조인정 공역, 1989, 자연교수법, 서울:한신문화사).

Brown, H. D.(1994), Principles of Language Learning and Teaching(3rd ed.), Prentice Hall Regents.

Clarke, M. A(1996), Choice Reading. The University of Michigan Press.

Gertrude Heyd(1990) Deutsch Lehren. Vertrag Moritz Diestweg. Frankfurt am Mainaimes.

This book was supported by research funds of
Kunsan National University

오길용

전북대학교 중어중문학과 졸업
전남대학교 대학원 문학석·박사
현 군산대학교 중어중문학과 교수

저서

한문의 세계, 한문의 즐거움, 레벨업 중국어, 중국고전소설 강독, 기초한자와 한문 익히기, 현대중국어 문법, 중국어 문형, 현대중국어의 기초, 중국 현대화의 길, 한문강독, 중국어학 입문, 중국의 이해, 중국어 교과내용 교수법 디자인 그 외 다수

중국어 예비교사를 위한

중국어 교과내용 교수법 디자인

초판 1쇄 발행 _ 2023년 1월 30일

저　　자 · 오 길 용
발 행 인 · 정 현 걸
발　　행 · 신 아 사
인　　쇄 · 대명프린팅
출판등록 · 1956년 1월 5일 (제9-52호)
주　　소 · 서울시 은평구 통일로 59길 4(2F)
전　　화 · 02)382-6411 · 팩스 02)382-6401
홈페이지 · www.shinasa.co.kr
E-MAIL · shinasa@daum.net

ISBN 979-11-92428-44-4 (93720)

정가 17,000원